AF385668

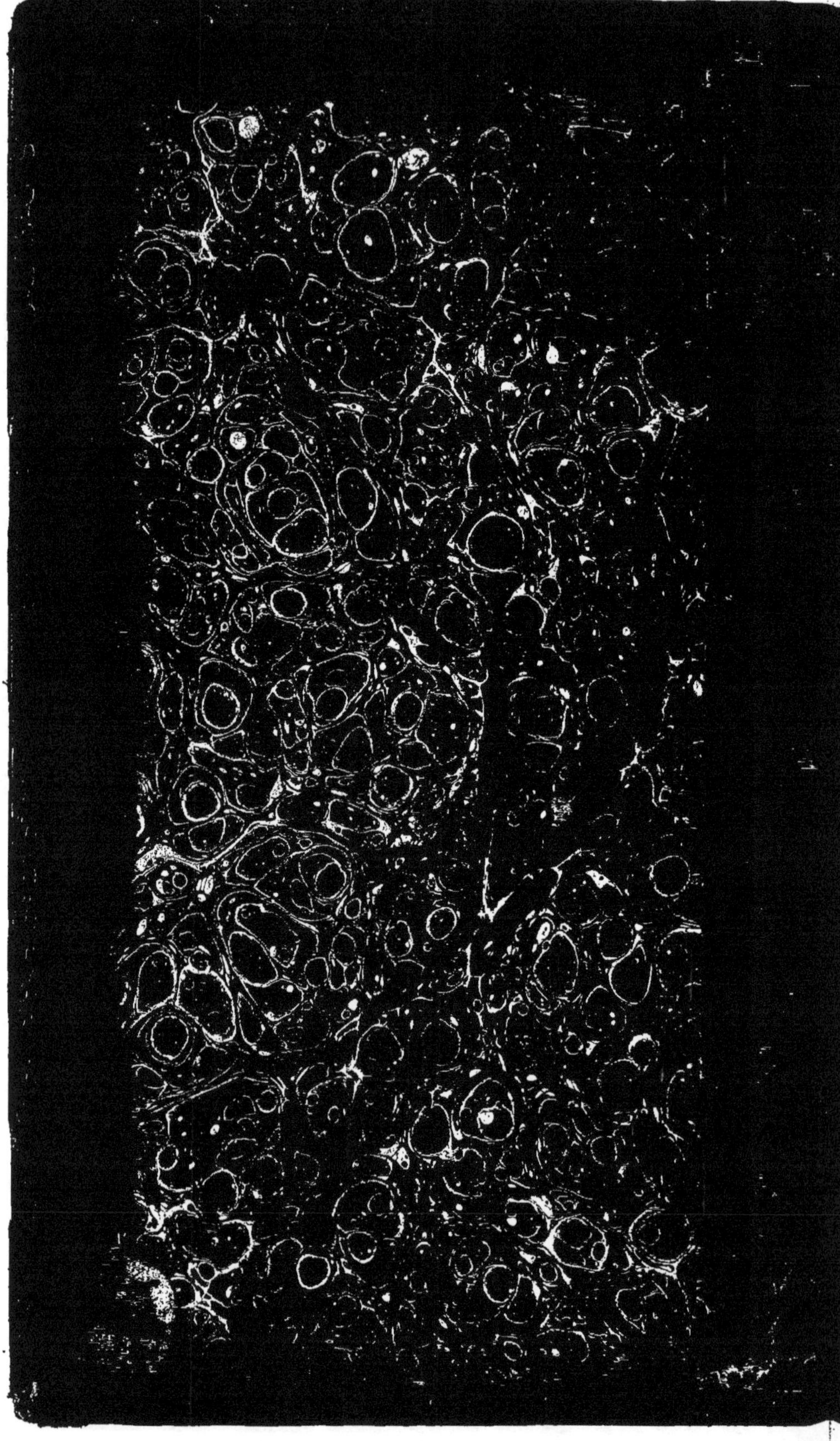

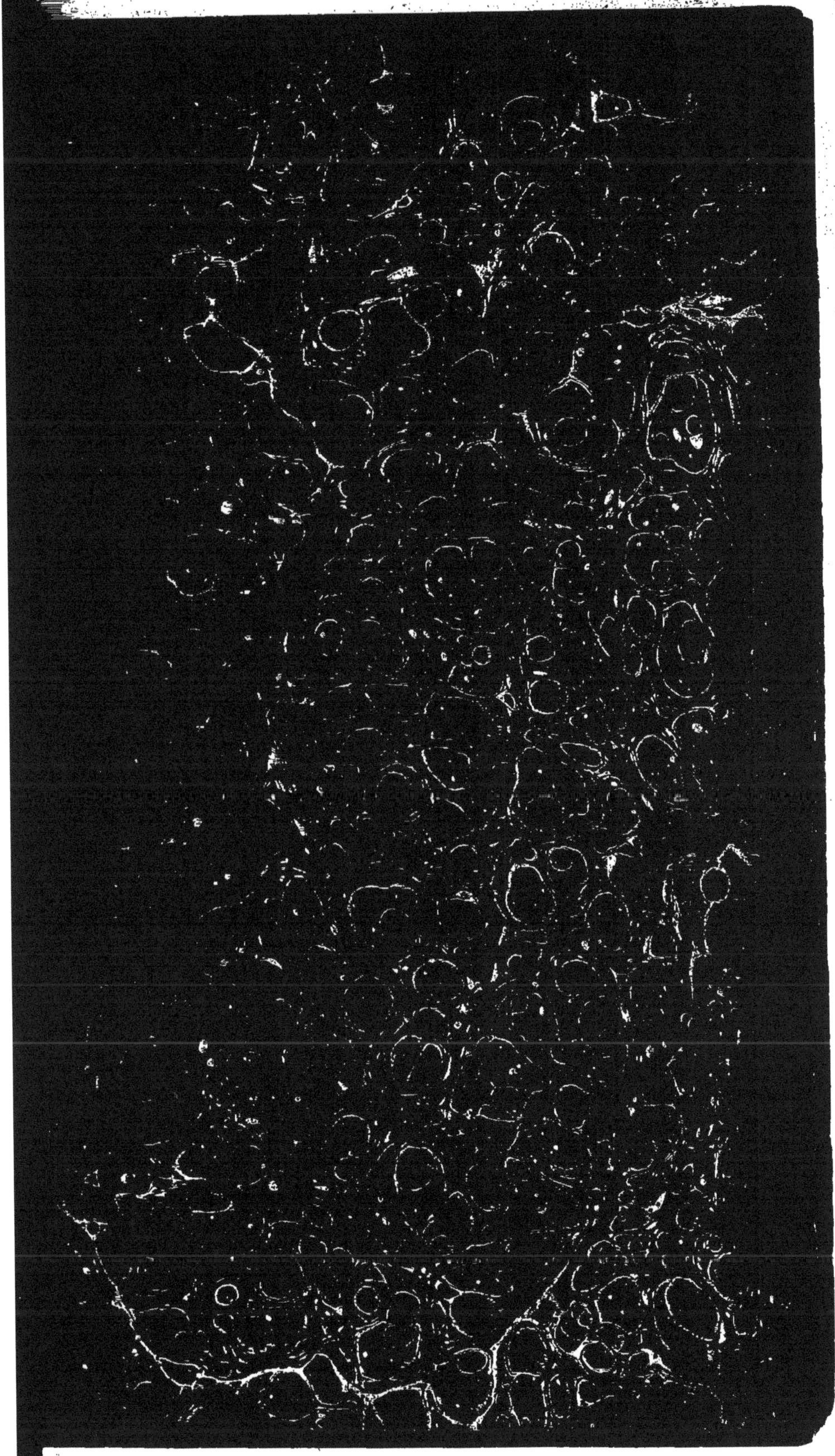

3.910

5.822

DÉMONSTRATION

PHILOSOPHIQUE

DU PRINCIPE CONSTITUTIF

DE LA SOCIÉTÉ.

OUVRAGES DU MÊME AUTEUR

QUI SE TROUVENT

À LA MÊME LIBRAIRIE :

ESSAI ANALYTIQUE SUR LES LOIS NATURELLES DE L'ORDRE SOCIAL, ou du Pouvoir, du Ministre et du Sujet dans la société : seconde édition ; 1 vol. in-8°, broché ; 4 fr.

LÉGISLATION PRIMITIVE, considérée dans les derniers temps par les seules lumières de la raison, suivie de divers Traités et Discours politiques : troisième édition ; 3 vol. in-8°, brochés ; 15 fr.

DU DIVORCE, considéré au XIXe siècle, relativement à l'état domestique et à l'état public de la société : troisième édition ; 1 vol. in-8°, broché ; 4 fr.

PENSÉES DIVERSES, et Opinions politiques ; 2 vol. in-8°, brochés ; 9 fr.

RECHERCHES PHILOSOPHIQUES SUR LES PREMIERS OBJETS DES CONNOISSANCES MORALES : seconde édition ; 2 vol. in-8° ; 12 fr.

MÉLANGES LITTÉRAIRES ET POLITIQUES ; 2 gros vol. in-8° ; 14 fr.

DE L'OPPOSITION DANS LE GOUVERNEMENT ET DE LA LIBERTÉ DE LA PRESSE ; 1 vol. in-8°, broché ; 2 fr. 50 c.

DE L'ESPRIT DE CORPS ET DE L'ESPRIT DE PARTI, suivi de quelques Réflexions sur l'écrit de M. Cottu : *Des Moyens de mettre la Charte en harmonie avec la royauté* ; 1 vol. in-8°, broché ; 1 fr. 50 c.

DE LA LOI SUR L'ORGANISATION DES CORPS ADMINISTRATIFS PAR VOIE D'ÉLECTION, suivi de quelques Considérations sur la Mendicité et les Enfans trouvés ; 1 vol. in-8°, broché ; 2 fr. 50 c.

PARIS. — IMPRIMERIE D'AD. LE CLERE ET Ce,
Quai des Augustins, n° 35.

DÉMONSTRATION

PHILOSOPHIQUE

DU PRINCIPE CONSTITUTIF

DE LA SOCIÉTÉ,

SUIVIE DE

MÉDITATIONS POLITIQUES

TIRÉES DE L'ÉVANGILE;

PAR M. LE VICOMTE DE BONALD,

Pair de France.

PARIS.

LIBRAIRIE D'AD. LE CLERE ET Cie,

QUAI DES AUGUSTINS, Nº 35.

—

1830.

INTRODUCTION.

Avant d'exposer mes principes de philosophie appliquée à la société, j'ai dû considérer l'état actuel de la philosophie en France.

On peut ramener à trois écoles différentes les systèmes philosophiques qui partagent aujourd'hui les esprits.

C'est ce qu'a fait M. Ph. Damiron (1) dans son *Essai sur l'Histoire de la Philosophie en France au* XIXᵉ *siècle*, essai dont cette introduction n'est que l'analyse.

Il pourroit y avoir plus d'exactitude, et peut-être d'impartialité, dans les jugemens que M. Damiron porte sur quelques-uns des écrits qu'il examine : il est si difficile d'être entièrement juste envers ceux dont on ne par-

(1) Alors agrégé, depuis nommé professeur de philosophie au collège royal de Charlemagne.

tage pas les sentimens! mais, tel qu'il est, l'*Essai* suffit au dessein que nous nous sommes proposé. S'il n'expose pas avec assez de fidélité ou de connoissance les systèmes particuliers qu'il combat, il indique avec assez de précision les différentes écoles auxquelles ils appartiennent; or, ce sont les écoles de philosophie, et non les philosophes, que nous considérons dans cet écrit.

M. Damiron commence par l'école *sensualiste*, expression adoucie, équivalente de *matérialiste*.

Ce système seroit assez fidèlement traduit par cette définition de l'homme tirée de Saint-Lambert : « L'homme est une masse organisée » et sensible, qui reçoit l'esprit de tout ce qui » l'environne et de ses besoins. »

Dans ce système, les organes matériels sont tout l'homme, et même l'homme intelligent; la pensée est une digestion ou une sécrétion comme toute autre; elle est, dit Condillac, la *sensation transformée*.

« Ici, dit M. Damiron, les applications
» naissent d'elles-mêmes. Elles sont toutes en
» harmonie avec l'idée générale dont elles
» émanent. S'agit-il, en effet, de savoir ce que
» c'est que le bien, ce que c'est que le mal?
» la réponse est aisée. Le bien est tout ce qui
» tend à conserver l'homme, c'est-à-dire, l'or-
» ganisme; le mal est tout ce qui tend à le
» détruire ou à le détériorer. Rien au-dessus
» du bonheur physique, rien de pis que les
» souffrances du corps : le bien suprême est la
» santé. Aussi le vice et la vertu ne peuvent
» être que l'habitude volontaire des actes con-
» formes ou contraires à la loi de la conserva-
» tion (toujours des corps ou de l'organisme).
» Tel est le fond du catéchisme de *Volney :*
» c'est là toute sa théorie. On regrette *seule-*
» *ment* d'y trouver des *lacunes,* l'une relative
» aux arts, l'autre à la religion. Sans doute, il
» ne juge pas ces deux *formes* de l'activité
» humaine assez positivement utiles à la con-
» servation de l'individu pour en tenir compte

» ou en recommander l'usage. C'est un tort et
» une erreur ; car, d'abord, il y a dans la cul-
» ture des arts un charme honnête, etc, etc.
» Quant au sentiment religieux, *Volney* fait
» plus que le négliger, il le repousse et le
» proscrit ; il ne veut ni de la foi ni de l'espé-
» rance, etc. »

Comment Volney auroit-il pu parler de religion, lorsqu'il ne reconnoît point d'ame distincte des organes, et qu'en auroit-il pu dire ?
Nous remarquerons seulement que, de la part
de M. Damiron, l'expression de *lacune* est
bien foible en parlant de l'absence de la religion dans un système de philosophie.

M. Damiron rejette ce système désolant,
dont Locke, parmi les modernes, a jeté les
fondemens, lorsqu'il élève la question de savoir si la matière peut recevoir la faculté de
penser ; que Condillac avec sa *sensation transformée* a continué et rendu populaire ; et qui, à
quelques différences près, est, selon M. Damiron, le système de MM. *Cabanis* (revenu de-

puis à des idées plus saines), *Desttut de Tracy, Volney, Garat, Gall, Azaïs, Broussais* (ce dernier omis dans la première édition de l'*Essai*, et nommé dans la seconde), tous philosophes *sensualistes* ou *matérialistes*, et même M. *La Romiguière*, que M. Damiron classe parmi eux, parce que, dit-il, « le principe qu'il » professa d'abord, qu'il modifia ensuite, savoir, » que toute idée a sa source dans la sensation, ». offre assez de traces de ce système pour pou- » voir sans inconvénient en prendre le nom » et le drapeau. »

Nous ne nous arrêterons pas plus long-temps sur cette doctrine abjecte, réfutée dans nos *Recherches philosophiques, etc.,* et M. Damiron l'a remarqué : elle animalise l'homme, en n'offrant à ses désirs et à son activité que des jouissances matérielles; elle laisse la vertu souffrante sans récompense, le crime heureux sans châtiment, la conscience sans remords, l'homme sans avenir et sans consolation; et, comme elle ne voit d'autre bonheur que la vigueur corporelle, et nie tout autre devoir que celui de la conserver, elle semble imaginée tout exprès pour les méchans, que Hobbes appelle *des enfans robustes*.

La seconde école, dans l'ordre suivi par M. Damiron, est l'école théologique, spiritualiste ou catholique (car il lui donne ces trois noms), et que nous appellerons l'école de philosophie religieuse, représentée par MM. de Maistre, de La Mennais, de Bonald et d'Eckstein.

Ceux-là croient l'homme *une intelligence servie par des organes*, intelligence distincte, par conséquent, de l'organisme, éclairée sur son origine, sa nature, ses devoirs et sa fin, non, comme le dit l'auteur de l'*Essai*, par une *inspiration* que les catholiques laissent aux protestans, mais par une révélation divine, positive, extérieure, transmise jusqu'à nous par un enseignement traditionnel ou historique; doctrine qui ne prend pas son point d'appui dans l'homme, dans sa sensation, comme l'école sensualiste, ou dans sa conscience, comme l'école éclectique ; mais en dehors de l'homme, ou en Dieu.

La troisième école de philosophie est l'école éclectique, qui s'appelle aussi, on ne sait pourquoi, *spiritualiste*, *rationnelle*, car elle n'est proprement ni l'un ni l'autre ; école *éclectique*, c'est-à-dire qui cherche pour *choisir*, renouvelée des Grecs, grands chercheurs de philosophie : *Græci*, dit saint Paul, *sapientiam quærunt;* et dont MM. *Bérard, Virey, Kératry, Massias, Bonstesten, Ancillon, Droz, de Gérando, Maine de Biran, Royer-Collard, Cousin, Jouffroy*, et M. Damiron lui-même, sont les disciples ou les apôtres.

Puisque le caractère de cette école est de *choisir*, et par conséquent de chercher, il sembleroit naturel d'attendre, pour la définir, de savoir si elle a fini de chercher, et ce qu'elle a enfin trouvé et *choisi*. Nous ne le savons pas, et, s'il faut en croire M. Damiron, elle ne le sait pas elle-même, et il est difficile qu'elle puisse jamais le savoir, tant il y a de différences et même de contradictions dans les recherches faites à la fois par tant de philosophes, et d'incertitude dans leurs choix. « La philosophie de » l'éclectisme, dit l'auteur de l'*Essai*, plus di- » verse et plus confuse, a plus de peine à se » rallier à un nom et à un drapeau. » Ce ne sont cependant pas les noms qui lui manquent, puisqu'elle en a, dans l'*Essai* de M. Damiron, plus à elle seule que les deux autres écoles ensemble ; ni les drapeaux, puisqu'elle en a autant que de philosophes. Mais c'est tout-à-fait la faute de l'éclectisme lui-même ; c'est à une école qui sait, ou croit savoir, et non à une école qui cherche et cherchera toujours, qu'un homme supérieur peut attacher son nom et son drapeau. Ainsi, continue M. Damiron, « l'éclectisme n'est pas le même dans tous les » temps ; il dépend des opinions au milieu des- » quelles il intervient ; aujourd'hui il se trouve » entre le sensualisme et la théologie ; il con- » siste, par conséquent, dans un *spiritualisme*

» *rationnel*. Bien des différences séparent sans
» doute les écrivains assez nombreux que nous
» rangeons dans cette classe. Outre le génie,
» qui n'est pas le même, il y a encore des
» questions qui sont loin d'être identiques ;
» mais ce qui leur est commun à tous est de
» ne prendre leur doctrine ni dans le système
» de la sensation, ni dans celui de la tradition
» (de la révélation), mais dans un système
» moyen, qui, plus large que le premier et
» plus positif que le second, s'attache bien
» moins à repousser qu'à modifier l'un et
» l'autre, moins à les nier tous les deux qu'à
» les compléter, les éclaircir, et à leur em-
» prunter avec critique ce qu'ils peuvent avoir
» de vrai. »

Ainsi l'éclectisme n'est pas proprement une
doctrine, mais il est en quelque sorte deux
doctrines ; il n'est pas un système suivi dans
toutes ses parties, « il dépend des opinions
» au milieu desquelles il intervient ; aujour-
» d'hui il se trouve entre le sensualisme et le

» spiritualisme, » demain il peut se trouver peut-être entre l'illuminisme de Saint-Martin et celui de Swedemborg. « Bien des différences » séparent les nombreux écrivains que nous » rangeons dans cette classe; mais ce qui leur » est commun à tous, est de ne prendre leurs » doctrines dans aucun des deux autres sys- » tèmes, mais dans un système *moyen* plus » large que l'un, plus positif que l'autre, et » qui s'attache moins à les nier qu'à les com- » pléter. »

Cette explication du système éclectique n'est pas très-philosophique, au moins dans l'ex- pression. Que signifie en effet rendre plus *large* le système matérialiste, et plus positif le sys- tème théologique ou religieux, et les compléter tous deux? Le système matérialiste est aussi *large* qu'il peut l'être; il est surtout simple et complet; il n'admet qu'une substance, la ma- tière, et il en fait tout et même l'intelligence; il en fait son Dieu et son homme. Rien certai- nement de plus simple et de plus complet. Lui ajouterez-vous, pour le rendre plus *large,* une ame distincte des organes? ce ne sera plus le matérialisme, mais le système opposé, qui admet les deux substances. Ne lui ajouterez-vous qu'un peu d'ame et retrancherez-vous quelque chose à son organisme? il n'en sera ni plus *large* ni plus complet, et, d'odieux qu'il est, il deviendra ridicule.

D'un autre côté, le système religieux du catholique est aussi positif qu'il est possible qu'il le soit, fondé sur une révélation *écrite,* transmise jusqu'à nous d'âge en âge par la tradition, base universelle de la législation de tous les peuples, conservée fidèlement par le plus ancien peuple qui subsiste encore sous nos yeux, reçue par les nations les plus éclairées et les plus fortes, comme le fondement de leurs croyances, et défendue par les plus beaux génies. Qu'ajouterez-vous à ce système pour le rendre plus *positif* et plus complet? Le ferez-vous pencher vers le sensualisme? Mais, dans ce système, *l'homme est une intelligence ser-*

vie par des organes, et, dans ces organes, serviteurs ou ministres de l'intelligence, est toute
la matière que le système spiritualiste peut
admettre.

Et puis, dans quelle proportion, quelle
dose, si je peux ainsi parler, prendrez-vous de
l'un pour ajouter à l'autre? Ils sont, chacun
dans leur genre, deux systèmes absolus, et il
ne peut y en avoir d'autres; deux systèmes
complets, positifs : l'un dans l'affirmation de
la seule substance corporelle, l'autre dans l'affirmation des deux substances corporelle et
spirituelle qui composent l'être humain; deux
systèmes diamétralement contradictoires, et,
pour en composer un *tiers* système, un système *moyen* qui ne soit ni l'un ni l'autre et qui
soit tous les deux, vous chercherez en vain,
vous vous condamnerez, comme les Danaïdes,
à remplir un tonneau sans fonds, vous chercherez toujours, et vous ne *choisirez* jamais de
manière à faire un corps de doctrine, *un* et
lié dans toutes ses parties et universellement

reçu : et prenez garde que, tant que vous cherchez, vous n'êtes que des *sceptiques;* dès qu'une fois vous aurez choisi, vous n'êtes plus *éclectiques.*

Et c'est ici que se montre la grande erreur de l'éclectisme. La pensée a été donnée à l'homme comme instrument, moyen, produit de son activité intellectuelle, de même que ses organes lui ont été donnés comme instrument et moyen de son activité corporelle. L'homme doit nourrir ses organes, pour les faire vivre et croître; il doit les exercer, pour les fortifier et les rendre propres au service qu'il en attend : mais il prend toujours au-dehors de lui-même, et ce qui accroît leur substance, et ce qui exerce leurs forces. L'homme doit également nourrir son esprit par l'étude, l'exercer et le fortifier par le travail; mais c'est aussi toujours hors de lui-même qu'il doit chercher les matériaux de ses études et les objets de ses travaux : et, pour cela, la religion, la morale, la jurisprudence, la politique, l'histoire, les sciences, les arts, la nature, l'univers tout entier, sont à sa disposition : *Tradidit mundum disputationi eorum.* Les éclectiques, au contraire, ne prennent qu'en eux-mêmes l'objet et le sujet de leurs pensées, et ne pensent, si je peux parler ainsi, que leur propre pensée. Leur science philosophique est la science du *moi*, mot qui revient si souvent dans leurs écrits; ils n'étudient que leur *conscience*, qui ne veut dire, en langage philosophique, que la science de soi, *sui scientia.* Ce sont donc des ouvriers sans ouvrage, qui ne travaillent que sur leurs outils; labeur ingrat, plaisir stérile, qui ne sauroit produire, et dessèche l'esprit sans le féconder; vaine contemplation de soi-même, qui ressemble à cette occupation des solitaires du *Mont-Athos,* qui, les journées entières, les yeux fixés sur leur nombril, prenoient pour la lumière incréée les éblouissemens de vue que leur causoit cette position. J'avois, en adoucissant l'expression, caractérisé d'une manière vraie et énergique cette dangereuse habitude de l'esprit. M. Damiron a trouvé ce rapprochement ridicule : ce n'étoit pas là son défaut.

Aussi l'éclectisme, qui prend dans la conscience son premier principe, comme le matérialisme le prend dans la sensation, se produit dans ses écrits par une expression vague, obscure, aride, abstraite, sans couleur et sans vie ; et je doute que personne, hors leurs auteurs ou leurs traducteurs, ait pu lire jusqu'au bout, sans une extrême fatigue, les nombreux ouvrages sortis de l'école éclectique, ou écossaise. En voici des exemples pris au hasard : « Plus que jamais fidèle à la méthode psycho-
» logique, dit un célèbre professeur de cette
» école, au lieu de sortir de l'observation, je
» m'y *enfonçai* davantage ; et c'est par l'ob-
» servation que, dans *l'intimité de la con-*
» *science,* et à un degré où *Kant* n'avoit pas
» pénétré sous la *relativité* et la *subjectivité*
» des principes nécessaires, j'atteignis et je
» démêlai le fait instantané, mais réel, de

» l'aperception spontanée de la vérité, aper-
» ception qui, ne se réfléchissant pas immé-
» diatement elle-même, passe inaperçue dans
» *les profondeurs de la conscience,* mais y est
» la base véritable de ce qui, plus tard, sous
» une forme logique, *et entre les mains de la*
» *réflexion,* devient une conception nécessaire.
» *Toute subjectivité et toute réflexivité expire*
» *dans la spontanéité de l'aperception;* mais
» la lumière primitive est si pure, qu'elle est
» insensible. C'est la lumière réfléchie qui
» nous frappe, mais souvent en offusquant de
» son éclat infidèle la pureté de la lumière
» primitive. La raison devient bien *subjective*
» par son rapport au *moi* volontaire et libre,
» siège et type de toute *subjectivité;* mais, en
» elle-même, elle est impersonnelle, et n'ap-
» partient pas plus à tel *moi* qu'à tel autre *moi*
» dans l'humanité. Elle n'appartient pas même
» à l'humanité, et ses lois ne relèvent que
» d'elle-même. »

J'avoue avec une entière sincérité que,

quoique assez accoutumé à des études sé-
rieuses, je ne comprends pas un mot de ce
long passage; et, si d'autres *moi* en pénètrent
le sens, il est pour le mien d'une obscurité
désespérante. Encore un exemple pris dans
le même auteur : « Dans tout et partout, Dieu
» revient en quelque sorte à lui-même dans
» la conscience de l'homme, dont il constitue
» indirectement le mécanisme et la triplicité
» phénoménale, par le reflet de son propre
» mouvement ou de la triplicité substantielle,
» dont il est l'identité absolue.

» Tout fait individuel est un concert de
» deux parties, dont l'une est entièrement in-
» dividuelle et déterminée par elle-même, et
» la seconde, individuelle et déterminée par
» son contact avec la première, n'est cepen-
» dant considérée en elle-même, ni indivi-
» duelle, ni déterminée. »

En veut-on un autre exemple, tiré du plus
littéraire, au moins dans son style, des philosophes qui composent la galerie de M. Dami-

ron. Au reste, celui-ci est plutôt de l'école sensualiste, selon l'auteur de l'*Essai*.

« Quant à la volonté, son point de départ
» est la faculté élémentaire, ou le désir, comme
» l'attention est le point de départ de la faculté
» élémentaire de l'entendement; le désir en-
» gendre, comme l'attention, deux autres fa-
» cultés, *ni plus ni moins*, savoir : la préfé-
» rence et la liberté. La préférence est au désir
» ce que la comparaison est à l'attention, et la
» liberté est à la préférence ce que la raison
» est à la comparaison. Comme les facultés
» élémentaires de l'entendement se compli-
» quent des facultés secondaires qui inter-
» viennent dans leur exercice, de même les
» trois facultés élémentaires de la volonté,
» savoir : le désir, la préférence et la liberté,
» se compliquent successivement de diverses
» facultés secondaires auxquelles elles donnent
» naissance, telles que le repentir et la déli-
» bération. Le repentir naît à la suite de la
» préférence... »

« Le repentir, dit M. Damiron (raisonnant
» sur ce passage), n'entre pas dans les facultés
» intellectuelles de l'auteur que nous venons
» de citer, quoiqu'il soit une faculté, selon
» Condillac; mais, selon l'auteur cité, le re-
» pentir appartient à la sensibilité : la délibé-
» ration suit la préférence et précède la liberté.
» On peut d'abord préférer sans avoir délibéré;
» mais, si l'acte de préférence a été suivi du
» repentir, on ne préfère pas de nouveau sans
» délibérer. Or, la préférence après délibéra-
» tion, c'est la préférence libre, la liberté.
» Désir, préférence, liberté, voilà les trois fa-
» cultés réelles; leur réunion est la volonté.
» Mais, comme la réunion de plusieurs facultés
» n'est point une faculté réelle, la volonté n'est
» point une faculté propre, mais une faculté
» nominale, un signe, ainsi que l'entendement,
» et rien de plus. »

Je le demande à tout homme sans préven-
tion, qu'a-t-on appris, que sait-on, quand on
a pâli sur cet étrange enseignement ? qu'en

reste-t-il dans l'esprit? quelles notions utiles et distinctes a-t-on acquises?, pense-t-on que l'intelligence soit plus éclairée par la *subjectivité* et la *réflexibilité,* par la lumière primitive ou la lumière réfléchie; ou que l'esprit, même le plus ordinaire, ait besoin d'étudier toute cette *généalogie* de désir, de préférence, de liberté, de volonté, pour désirer, préférer, vouloir et agir? Cette dissection de la faculté intellectuelle en a perception, intuition, perception, réflexion, observation, etc. lui servira-t-elle de quelque chose pour apercevoir, concevoir, observer, réfléchir et juger? et cela ne ressemble-t-il pas un peu aux leçons de grammaire que le maître de langue donne dans les comédies de Molière à M. Jourdain? Autant vaudroit soutenir que l'homme a besoin, pour digérer ses alimens, de connoître le mécanisme de la digestion; ou, pour marcher, d'avoir étudié les lois du mouvement.

M. Damiron reproche sans cesse de la poésie au système religieux qu'il appelle théologique, comme si la poésie étoit condamnée à ne pas raisonner. Assurément on n'accusera pas l'enseignement éclectique d'être trop poétique.

Mais si, comme le dit M. Damiron, « chez » les nations la foi fait tout;…. si l'histoire de » la philosophie est celle des croyances ; si la » philosophie n'est que la foi des peuples ré- » fléchie et expliquée; » si enfin la philosophie, qu'on peut appeler une religion humaine, veut se substituer à la religion divine, comment, même avec l'appui des journaux populaires dont se vante l'éclectisme, peut se rendre populaire la foi à une doctrine, ou plutôt à des opinions si *diverses,* si *confuses,* si peu unanimes, exprimées dans un langage si abstrait, si vague, si peu populaire? Si elles pouvoient être comprises, elles ne feroient qu'un peuple de chercheurs, qui n'auroit rien de fixe dans ses dogmes, rien d'arrêté dans des croyances qui ne parlent ni au cœur ni à l'esprit, ne présentent à l'un aucun sentiment, et n'entre-

tiennent l'autre que de doutes et d'incertitudes !
« Voyez , dit M. Damiron , les prodiges de la
» société chrétienne : elle n'a dans l'origine de
» puissance que sa foi ; mais sa foi lui vaut
» l'Empire. » C'est que les chrétiens ne cherchent pas , ils savent ; car croire, c'est savoir.
« Les nations, dit encore M. Damiron , ne sont
» que ce qu'elles croient. » Que seroit donc la
nation qui croiroît à l'éclectisme ?

Au reste , les éclectiques ont eu une preuve
récente de la foiblesse, de l'obscurité, de l'in-
cohérence de leur système : les journaux nous
ont appris que l'Académie avoit proposé, pour
sujet de prix annuel, l'explication de l'éclectisme. Personne n'a répondu à l'appel , et personne ne pouvoit y répondre : c'est une énigme
qui n'a pas de mot.

Avant de passer à l'école religieuse par laquelle nous terminerons cette dissertation , il
convient de s'arrêter sur le rapprochement
qu'a fait M. Damiron des fortunes diverses des
écoles de philosophie en France , avec les di-

verses phases de la révolution. Ce rapprochement ne fera peut-être pas honneur à l'éclectisme aux yeux de certaines personnes; mais,
comme la philosophie chez une nation avancée
fait partie de sa littérature, il en résultera une
nouvelle démonstration de cette vérité avancée
ailleurs par l'auteur de cet écrit : *Que la littérature est l'expression de la société.*

En effet, M. Damiron montre le matérialisme tout-puissant aux premières époques de
la révolution, sous le règne de l'anarchie et de
la terreur. Alors la force physique régnoit
seule, et la société, livrée à la partie matérielle
et populaire de la nation, n'étoit occupée qu'à
ravir ou à disputer des intérêts matériels.

« A la restauration, continue M. Damiron,
» tout se déclare. L'école éclectique et l'école
» théologique se constituent l'une et l'autre.
» Mais la première, foible encore, sans prin-
» cipes bien arrêtés, dispose les esprits plutôt
» qu'elle ne les gouverne; elle commence à
» percer, mais ne règne pas encore. La se-

» conde, au contraire (l'école religieuse), pleine
» de force et d'éclat, et comme armée de toutes
» pièces, a d'abord une action assez vive et
» assez étendue par le clergé qui la propage,
» et le pouvoir qui la favorise. Elle a bientôt
» un public; mais ensuite elle défaille et com-
» mence à perdre crédit. Aujourd'hui *elle est*
» *peu puissante.* De son côté, l'éclectisme a
» grandi et s'est développé; il a gagné sur tous
» les points, et le grand nombre est à lui. Il a
» presque passé dans les journaux et dans les
» plus populaires, preuve qu'il arrive à l'em-
» pire. »

Est-ce l'histoire de la philosophie, ou n'est-
ce pas plutôt celle de la société politique que
nous venons de présenter? A la restauration,
la monarchie commence, et avec elle l'ordre,
la paix, la religion, tous les bienfaits de l'état
véritablement social, mêlés cependant de l'é-
lément populaire déposé dans la constitution
écrite dans la Charte. Le système de philosophie catholique ou religieuse commence donc

avec la monarchie, et tend avec elle à s'étendre et à s'affermir. Toutefois s'élève à côté d'elle, timide encore et sans force, la philosophie éclectique. L'esprit et la tendance monarchiques s'affoiblissent ; la philosophie religieuse s'affoiblit avec la monarchie : l'une et l'autre *défaillent* à la fois ; la démocratie gagne du terrain ; l'éclectisme, son contemporain, son compagnon, ou plutôt son complice, grandit avec elle et se développe. Il gagne, comme elle, sur *tous* les *points ; le grand nombre est à lui ; il passe dans les journaux les plus populaires, preuve qu'il arrive à l'empire ;* et preuve que nous arrivons à l'anarchie, suivant la remarque faite à la tribune par un de nos derniers ministres, M. de Martignac ; et je m'étonne que, pour l'honneur de son éclectisme, M. Damiron n'ait pas répudié cette honteuse alliance avec les journaux populaires, ces organes furibonds de la démocratie.

Au reste, je doute que les philosophes anciens, même les éclectiques, et Cicéron le premier de tous, Cicéron qui disoit : *Mihi nihil unquam populare placuit,* eussent attaché tant de prix à la popularité de leur philosophie. Horace n'en vouloit pas même pour sa poésie, *Odi profanum vulgus, et arceo.*

« Ainsi, continue M. Damiron, au sensua-
» lisme répond, sous le directoire et sous l'em-
» pire, le peu de foi aux choses morales, la
» corruption des consciences, leur servilité, la
» conduite brutale du pouvoir, le matérialisme
» des arts et le dédain de la religion... Quand,
» à son tour, le catholicisme reparoît (avec la
» monarchie), et entre en scène avec *l'éclat*
» *et l'appui* des noms qui le soutiennent, *tout*
» *s'en ressent;* aussitôt la foi semble renaître,
» elle gagne le pouvoir, passe dans les arts et
» dans les mœurs, etc. »

Ainsi le système matérialiste s'allie naturel-lement à l'anarchie et à ses désordres; le sys-tème catholique ou religieux, à la monarchie et à l'ordre... L'éclectisme, qui ne repousse ni n'admet le *matérialisme* et le *spiritualisme,* qui *ne nie ni l'un ni l'autre et veut les modifier tous les deux et les compléter*, est donc forcé de tenir le milieu entre l'ordre et le désordre, entre le bien et le mal, comme la démocratie, à laquelle il s'allie, veut tenir le milieu entre la monarchie et l'anarchie : système d'*entre-deux*, comme dit Pascal, entre le vrai et le faux, système moyen ou mitoyen, système foible tant que l'État incline vers la monarchie plus que vers sa rivale, qui grandit, prend de la force, et se développe à mesure que la démocratie prend le dessus, et lorsque la société politique, incertaine de sa route, *cherche* aussi à *choisir* entre la monarchie et la démocratie. Ainsi l'éclectisme politique, qui fait le fond de toutes les constitutions modernes, et l'éclectisme philosophique, s'appuient mutuellement, introduits l'un et l'autre par de foibles politiques et de foibles philosophes, qui croient que la vérité est un *milieu*, comme la vertu, aussi incapables d'éclairer les peuples, qu'impuissans à les gouverner.

Si nous voulions aller plus loin, et comparer les divers systèmes philosophiques aux diverses religions, comme nous les avons comparés aux divers gouvernemens politiques, nous trouverions que le système de philosophie sensualiste ou matérialiste qui nie l'intelligence humaine, n'est que *l'athéisme* qui nie l'intelligence divine; que le système religieux ou catholique est le *théisme*, qui croit à l'existence de Dieu, et à la *réalisation* de l'idée abstraite de la Divinité, par sa présence réelle au milieu des hommes, au *Verbe incarné, Dieu du genre humain,* comme dit M. Cousin; et que l'éclectisme, qui ne *rejette* ni *n'admet* le matérialisme et le spiritualisme, mais prend de tous les deux, conduit au pur *déisme* qui modifie l'athéisme en admettant l'existence de la Divinité, et modifie le catholicisme en niant la réalité de sa présence au milieu des hommes, et son influence sur les destinées humaines.

Ainsi l'éclectisme philosophique admet un Dieu sans action dans la société, et l'éclectisme politique veut des rois sans influence et sans pouvoir.

Les systèmes de philosophie sont des croyances, ou, comme je l'ai déjà dit, des religions humaines, et les philosophes qui en sont les prêtres sont jaloux du pouvoir et de l'influence des prêtres qui enseignent des croyances divines; et les longues disputes de la philosophie et de la religion n'ont pas un autre principe.

Je passe à l'école de philosophie spiritualiste ou religieuse, sur laquelle je m'étendrai davantage, comme appartenant spécialement aux matières traitées dans cet ouvrage.

M. Damiron l'appelle aussi école catholique, et nous donne le droit d'appeler protestante l'école éclectique ou écossaise; et effectivement, fidèle au dogme calviniste, cette école ne voit qu'*inspiration* et sens privé, là où l'école catholique croit une véritable et réelle *révélation*.

Ainsi la philosophie catholique est une philosophie d'autorité générale, et l'éclectisme est une philosophie de raison individuelle : mais que peut vouloir l'éclectisme autre chose que faire de sa raison individuelle une autorité *générale,* qu'il trouve toute faite dans la philosophie catholique ?

Dans l'école de philosophie religieuse ou catholique, il y a unité de vues et de systèmes entre ses défenseurs : seulement les uns ou les autres font des applications particulières et en quelque sorte spéciales des principes qui leur sont communs ; M. de Maistre à la religion, M. de Bonald à la politique, M. de La Mennais à la philosophie, M. d'Eckstein à l'histoire.

On remarquera peut-être que M. Damiron s'étend, ce semble, avec complaisance et même, pour ce qui concerne M. de Bonald, avec exagération sur les *talens,* le *génie,* *l'érudition,* *l'éclat de style* des écrivains de l'école religieuse. Il n'en dit pas tout-à-fait autant des écrivains des autres écoles, pas même, sans doute par modestie, de celle à laquelle il appartient. Quelques lecteurs pourroient prendre au pied de la lettre les éloges qu'il donne au style des écrivains catholiques, et en concevoir des préventions contre les systèmes opposés. Quand on veut décrier le fond, il ne faut pas tant vanter la forme.

Il est vrai que, par compensation, l'école religieuse compte bien moins de noms que les deux autres, surtout que l'école éclectique; mais, si M. Damiron aime les noms propres, l'école religieuse pourroit revendiquer les noms des Pascal, des Leibnitz, des Euler, des Ch. Bonnet, et de tant d'autres qui ont été de l'école théologique et catholique, sans être théologiens ni même tous catholiques; et ces noms, elle pourroit les opposer, sans trop de désavantage, à tous ceux qu'a cités M. Damiron.

Cet écrivain voit beaucoup d'*art* et d'*artifice* dans le style de M. de Bonald, qui n'en a jamais mis dans son style, pas plus que dans sa conduite; et, s'il y a *un mécanisme si savant et si curieux dans sa phrase, il a fait,* comme M. Jourdain, *de la prose sans le savoir.* M. Damiron voit aussi de grands ressentimens dans les écrits de M. de Maistre, et dans ceux de M. de La Mennais de grands dégoûts et une grande mélancolie. Il n'y a rien de tout cela dans aucun de ces écrivains, mais un grand amour de la vérité ; et il seroit plus raisonnable et plus vrai d'attribuer à la supériorité de la cause qu'ils défendent, les différens mérites de leur style, la force de leurs pensées, et même le ton ferme et hardi de leurs écrits (1).

(1) On me permettra de relever ici une injustice, à mon égard, de M. Damiron. A propos de ce qu'a écrit mon illustre ami le comte de Maistre, sur l'exécuteur des jugemens publics, M. Damiron appelle *affreusement religieux* ce que j'avois dit à la Chambre des Pairs, que, *punir un coupable* du dernier supplice, c'étoit *le renvoyer devant son juge naturel.* Trouve-t-il plus humain le mot usuel chez les Anglais, qui disent dans la même circonstance : *lancer un homme dans l'éternité ?*

L'éclectique prend donc en lui-même et dans la *conscience* son premier principe, comme le matérialiste le prend dans la sensation.

Ainsi tous les deux le prennent dans l'homme; mais le philosophe catholique le prend hors de l'homme et en Dieu; et certes, quand on reconnoît l'existence de la Divinité, il faut la bannir de sa pensée, ou la placer à la tête de l'homme, de la société et de l'univers : *Ab Jove principium*, disoient les païens.

Il y a cette différence, que le mot anglais ne présente que l'idée physique d'un *projectile*, et que l'autre rappelle au juge l'idée morale qu'il sera jugé lui-même par celui qui *juge les justices*. La religion ne nous dit-elle pas que nous serons tous jugés par le juge suprême, et la peine même de mort qu'infligent les jugemens humains (cette peine, qu'innocens ou coupables nous sommes tous condamnés à subir), est-elle une expiation suffisante d'une vie entière de crimes et d'une multitude d'assassinats ; et le doux Fénelon ne dit-il pas que c'est un bienfait pour les méchans que de les *remettre dans l'ordre par le supplice ?*

C'est donc de la révélation (*s'il y a une révélation*, dit M. Damiron), et non de l'inspiration que les catholiques, je le répète, laissent aux protestans, que partent, comme d'un premier principe, les partisans de cette doctrine; et, comme Archimède, ils demandent un point d'appui hors du monde pour le soulever. Cette révélation, *orale* pour la première famille, et plus tard *écrite* pour la première société publique, a été conservée par ce même peuple miraculeusement subsistant au milieu de nous, et transmise jusqu'à nous de génération en génération, par les monumens historiques ou traditionnels les plus authentiques, et par le monument de tous le plus authentique, l'établissement de la religion chrétienne, qui a été le dernier développement de la révélation primitive, et dont l'état extérieur et politique s'appelle *la chrétienté*, réunion et comme confédération des nations les plus puissantes et les plus éclairées qui furent jamais.

Cette révélation, que MM. de Maistre, de

La Mennais et d'Eckstein, ont considérée et défendue comme une vérité de foi, religieuse et historique, j'ai voulu en donner la preuve philosophique ou scientifique, et j'ai soutenu la nécessité physique et morale, physiologique et psychologique, si l'on veut, de la transmission primitive du langage faite à l'homme par un être nécessairement supérieur et antérieur au genre humain.

Ce n'est pas, comme le dit M. Damiron, par l'autorité des livres saints, qui ne le disent pas, au moins directement, ni sur des recherches archéologiques que j'ai *établi* la nécessité de cette transmission primitive ; je m'en suis servi tout au plus pour en confirmer la vérité. Mais quel besoin avois-je de l'archéologie ou même de la *Bible*, lorsque j'avois sous les yeux la preuve la plus visible, la plus palpable, la plus évidente, la plus populaire, la plus universelle, la plus usuelle, de la nécessité de cette transmission, dans l'état des sourds-muets, qui ne sont muets que parce qu'ils sont sourds, et dans le fait incontestable des enfans qui, nés chez les sauvages ou chez les peuples policés, parleront indifféremment les langues barbares des peuplades américaines, ou les langues polies des nations européennes, et n'en parleront conséquemment aucune, si aucune n'a pu frapper leur ouïe?

Cette preuve, je le sais, paroît à nos savans trop vulgaire et pas assez rationnelle ou scientifique; et une vérité sur laquelle on ne peut disputer, et qu'on ne peut contredire, ne doit pas prendre rang dans leur philosophie. En toute autre matière, ils ne veulent pas croire à ce qu'ils ne voient pas; dans celle-ci, ils refusent de croire à ce qu'ils voient, et, pour échapper à cette preuve irréfragable de la transmission primitive du langage, ou plutôt à ses nombreuses et naturelles conséquences, quelques-uns se sont jetés dans les hypothèses les plus monstrueuses : ils ont imaginé des myriades de siècles pendant lesquelles l'homme, *par le moyen de circonstances favorables,* auroit pu naître du limon de la terre échauffé par les rayons du soleil, d'abord imperceptible animalcule, puis insecte, poisson, bipède ou quadrupède, homme enfin; et, dans cette hypothèse, il étoit aussi facile de faire l'homme inventeur de son propre langage, que d'avoir fait le soleil créateur de l'homme. C'est ce qu'on appelle de la science.

M. Damiron ne partage pas ces extravagantes rêveries; mais, après avoir exposé avec bonne foi mon opinion sur la nécessité de la transmission primitive du langage, philosophe timide, mais consciencieux, n'osant pas l'admettre et craignant de la rejeter, il finit par demander : « Que faut-il en penser? » « Mais, pourrions-nous lui dire, philosophe, » vous vous présentez pour nous servir de » guide dans la recherche de la vérité, et au » premier pas vous nous demandez la route ! » Vous écrivez pour nous éclairer, et c'est de » nous que vous attendez la lumière ! Mais c'est » à vous-même que nous demandons ce qu'il

» faut penser de cette doctrine; et, puisque
» vous êtes éclectique, cherchez et *choisissez*
» entre les deux opinions qui font de Dieu
» ou de l'homme l'inventeur du langage, celle
» que nous devons embrasser. »

A la preuve physique de la nécessité de la transmission primitive du langage, tirée du spectacle de la transmission journalière que les hommes s'en font les uns aux autres, et de l'absence de toute parole, ou du *mutisme* absolu chez ceux qui n'ont pu recevoir cette transmission; à cette preuve physique, dis-je, se joint la preuve métaphysique tout aussi évidente de l'impossibilité de l'invention de la parole par les hommes, qui, sans parole ou sans expression, n'auroient pas pu avoir même la pensée de l'invention; et c'est ce qu'a très-bien aperçu J. J. Rousseau, lorsqu'il dit « que, tout considéré, la parole lui paroît » avoir été fort nécessaire pour inventer la » parole. »

Cette preuve n'est autre chose que l'évidente

nécessité de la parole mentale ou intérieure pour s'exprimer à soi-même ou se rendre sensible sa propre pensée, et de la parole vocale ou extérieure pour l'exprimer et la rendre sensible pour les autres; et, comme je l'ai dit dans les *Recherches philosophiques,* sous une forme plus abrégée, la *nécessité de penser sa parole avant de parler sa pensée.*

C'est cette nécessité de la parole, pour *exprimer* sa pensée, qui a fait donner à des mots le nom usuel *d'expressions;* mais il faut observer que la parole n'est nécessaire que pour rendre la pensée aux choses morales, et non pour exprimer la pensée aux objets physiques qui se représentent à notre imagination, sous des images qui sont leurs expressions naturelles ou leurs représentations, des images qu'on peut figurer au dehors par le geste ou le dessin; *le geste, qui est la parole de l'imagination, comme le dessin en est l'écriture.*

M. Damiron ne sait trop que penser de cette nécessité de l'expression. Dans un endroit il

dit « que l'homme ne peut avoir des idées
» sans mots; rien de plus constant. » Dans un
autre, cherchant à s'expliquer à lui-même
comment l'homme a pu inventer son propre
langage, il suppose évidemment, comme nous
le verrons tout à l'heure, l'idée de l'invention
et toutes celles qui en découlent antérieures à
l'invention même.

Cependant, pour le mettre à portée de se
décider en connoissance de cause sur cette
question fondamentale, je lui indiquerai un
écrit récent (1) sur l'intelligence des *sourds-
muets*, dans lequel l'auteur a rassemblé les témoignages les plus décisifs, recueillis dans les
écrits des savans de presque toute l'Europe
qui se sont occupés, par devoir ou par goût,
de l'éducation des *sourds-muets,* et qui tous

______

(1) *Recherches sur les connoissances intellectuelles des
Sourds-Muets*, par M. l'abbé Montaigne, ancien au-
mônier de l'Institution royale des Sourds-Muets. A
Paris, chez A. Le Clere et Cie, imprimeurs-libraires,
quai des Augustins, n° 35; in-8° de 80 pages.

s'accordent à reconnoître que les *sourds-muets n'ont point d'idées, parce qu'ils n'ont point d'expressions.*

De ces deux propositions également incontestables, ou plutôt de ces deux faits, l'un, que les hommes ne peuvent parler que la langue qu'ils ont pu entendre; l'autre, qu'ils ne peuvent, sans expressions mentales ou vocales intérieurement ou extérieurement prononcées, se rendre sensibles leurs propres pensées, ni les rendre sensibles aux autres, c'est-à-dire; avoir la conscience de leurs propres pensées et en donner aux autres la connoissance; de ces deux faits, dis-je, résulte, ce me semble, le plus haut degré de certitude de la vérité que j'ai voulu établir, savoir, la *révélation* faite à l'homme par Dieu même, vérité si universellement reçue, qu'une révélation quelconque, sous une forme ou sous une autre, est le premier dogme des religions de tous les peuples, consentement de tous les peuples dans un même sentiment, que Cicéron appelle *la voix*

*de la nature et la preuve de la vérité; vox na-
turæ et argumentum veritatis.*

M. Damiron croit sans doute à une révélation, quoiqu'il ait demandé plus haut, *s'il y a
une révélation?* « Dieu, dit-il, a produit, puis
» il a instruit, et le *rôle* de révélateur a dû suc-
» céder à celui de créateur. » Jusque-là nous
sommes d'accord, mais ici commence un autre
système. « Non, continue M. Damiron, qu'en
» effet Dieu ait pris visage et corps, et se soit
» *incarné* sous quelque forme; tout ce qui se
» dit de semblable sur cette matière, est, à
» mon sens, *figure et poésie.* Il n'a point eu voix
» et langage; il n'a enseigné que sous voile, et
» n'a révélé que par symboles. C'est comme père
» des lumières, comme auteur de tout ce qui
» *est* et *paroît,* que, se manifestant par toutes
» les puissances de la nature et tous les phé-
» nomènes de l'univers, il s'est fait *sentir* aux
» ames, il les a *inspirées.* Ainsi, ajoute-t-il,
» s'est passée la révélation, du moins ainsi l'en-
» tendons-nous. » M. Cousin, le patriarche

de l'éclectisme, l'entend autrement. « La rai-
» son, dit-il, est donc, à la lettre, une révé-
» lation, une révélation nécessaire et univer-
» selle, qui n'a manqué à aucun homme et a
» éclairé tout homme venant en ce monde;
» *illuminat omnem hominem venientem in*
» *hunc mundum* (1). La raison est le *médiateur*
» nécessaire entre Dieu et l'homme; le *logos*
» de Pythagore et de Platon, le *Verbe fait*
» *chair,* qui sert d'interprète à Dieu et de pré-
» cepteur à l'homme, *homme à la fois et Dieu*
» *tout ensemble.* Ce n'est pas sans doute le
» Dieu absolu dans sa majestueuse indivisi-
» bilité, mais sa *manifestation en esprit et en*
» *vérité;* ce n'est pas l'Être des êtres, mais
» *c'est le Dieu du genre humain.* »

Selon M. Damiron, il ne faut pas croire que
Dieu ait pu *s'incarner,* prendre voix et parole;
selon M. Cousin, *homme à la fois et Dieu tout*
ensemble, médiateur entre Dieu et l'homme,

(1) Saint Jean.

le Verbe s'est fait chair, et, en cette qualité, s'est manifesté en *esprit* et en *vérité;* il est *le Dieu du genre humain,* le Dieu présent à la société, et il a pu par conséquent se faire *entendre* aux hommes. Je pourrois employer ici ces belles paroles du psalmiste : *Qui plantavit aurem non audiet? qui finxit oculum non considerat?* « Celui qui a fait l'oreille n'en- » tendra pas? celui qui a fait l'œil ne verra » pas? » Et l'on peut ajouter, celui qui a donné à l'homme voix et parole, ne parlera pas! M. Damiron ne voit que *figure* et *poésie* dans ce que nous croyons touchant la révélation faite à l'homme; mais n'est-ce pas aussi *figure et poésie,* plutôt que philosophie, que cet *enseignement sous voile, cette révélation par symboles, ce Père des lumières, auteur de tout ce qui est et paroît,* qui se fait *sentir* aux ames et les *inspire* par toutes les *puissances de la nature* et tous les *phénomènes de l'univers?* Ces voiles, ces symboles, ces puissances, ces phénomènes qui se font *sentir,* expriment-ils des

idées bien nettes, bien rationnelles, et ne rap-
pellent-ils pas plutôt l'idée d'une *sensation* que
celle d'un sentiment? Prenez garde que, dans
tout cela, il n'y a encore point de parole, point
d'expression, par conséquent point de pensées; tout est pour les yeux, rien pour l'intelligence; et, s'il ne faut que des yeux, l'homme le
plus stupide peut aussi bien s'élever à l'idée du
créateur et du révélateur, que l'homme le plus
éclairé. Mais, de quelque manière que M. Damiron entende l'*inspiration*, à moins qu'il n'en
fasse quelque chose de semblable à ce qu'on appelle dans l'école une *prémotion physique*, une
sensation, l'inspiration suppose la pensée qui
la reçoit, comme la pensée suppose des paroles
qui l'expriment; et, quand on veut *inspirer* à
quelqu'un quelque chose à dire ou à faire, ne
faut-il pas lui parler de vive voix ou par geste,
ou par écrit, et lui supposer, par conséquent,
la pensée et la réflexion à ce qu'on veut lui
inspirer? Une inspiration absolument muette
ne trouveroit que des sourds.

C'est donc une loi générale de l'ordre moral et de la condition humaine, que l'homme ne puisse concevoir ou communiquer ses pensées que sous une expression mentale ou vocale, et Dieu lui-même n'est-il pas soumis aux lois générales qu'il a établies? C'est une loi générale de l'ordre moral, comme c'est une loi générale de l'ordre physique, que, dans le cercle, tous les points de la circonférence soient également éloignés du centre; et, comme Dieu lui-même ne pourroit faire un cercle sous une autre condition, et que toute figure où tous les points ne seroient pas à égale distance du centre, ne seroit pas un cercle, un être intelligent qui n'auroit pas besoin d'expression ou de parole pour connoître ses propres pensées et les transmettre au dehors, seroit tout ce que l'on voudroit, mais ne seroit pas l'homme tel que nous le connoissons.

Cette nécessité de la parole révélée est exprimée dans les livres saints, dont j'invoque ici l'autorité, non pour établir, mais pour confirmer la vérité de mes propositions. Écoutez saint Paul : *Deus olim loquens patribus in prophetis, novissimè diebus istis locutus est nobis in Filio...* Et ailleurs : *Fides ex auditu; quomodo audient sine prædicante?* « Dieu, qui » a parlé autrefois à nos pères par les pro- » phètes, dans ces derniers temps, et, de nos » jours, nous a parlé par son Fils... La foi » vient par l'ouïe; comment entendront-ils la » vérité, si on ne la leur annonce? »

Je sais bien que, dans les écrits ascétiques, et en général dans les ouvrages religieux, on parle aussi d'*inspiration;* mais ce n'est pas au sens que l'entendent les protestans et que l'entend M. Damiron : c'est, dans l'intention de ces écrivains, une expression figurée, qui ne signifie qu'une attention plus intime aux vérités *révélées.*

Mais il faut bien le dire, ce n'est pas le principe de la révélation qui épouvante nos philosophes, ce sont les conséquences qui en découlent naturellement; c'est non-seulement l'exisence d'un être antérieur et supérieur à l'homme, mais sa manifestation aux hommes en *esprit* et en *vérité*, c'est-à-dire en ame et en corps; c'est la législation qu'il leur a donnée; c'est, en un mot, toute l'économie de la religion chrétienne, fondée sur l'incarnation et la prédication du *Verbe fait chair,* base inébranlable sur laquelle s'est élevé le majestueux édifice du christianisme, qui s'avance à travers les siècles, et toujours attaqué, et aujourd'hui plus que jamais, par toutes les erreurs de l'esprit, par toutes les passions du cœur, reste et restera inébranlable à leurs atteintes, et, dans ses trésors, recèle encore des sujets de consolation pour ses enfans, et de confusion pour ses ennemis.

Et qu'on prenne garde que, lorsque nous disons que Dieu a communiqué à l'homme le don de la parole, et que, comme dit M. Damiron, il l'a *instruit* après l'avoir *produit;* nous ne contestons pas qu'il ait pu le créer parlant, au lieu de le rendre parlant après l'avoir créé; nous ne disons pas qu'il ait reçu au premier moment une langue complète; nous disons seulement que l'homme, au premier instant de son existence, a été instruit en pensées et en expressions de tout ce qu'il lui étoit nécessaire de savoir et d'exprimer : et que l'homme ait été créé avec le don de la parole, ou qu'il l'ait reçu après avoir été créé, cette double hypothèse ne change rien au fait de la *révélation*, prouvée par la nécessité d'une transmission primitive et par l'impossibilité de penser sans expressions.

En attendant de savoir ce qu'il faut en penser, M. Damiron, après avoir repoussé comme peu philosophiques les comparaisons, qu'à l'exemple du plus célèbre philosophe de l'antiquité, j'avois employées pour faire entrer plus facilement ma pensée dans l'esprit du lecteur, essaie de donner de l'invention du langage par l'homme lui-même, une explication qui, dit-il, sera peut-être plus philosophique. Le lecteur en jugera : la voici :

« Quelles que soient l'origine et la nature de

» l'esprit, on peut dire, indépendamment de
» tout système, et sans s'exposer à être con-
» tredit par aucun, que cet esprit qui vit, sent
» et se meût en nous, est quelque chose d'a-
» nimé et d'actif; que c'est une force, une
» force intelligente de perception des pensées :
» voilà les mouvemens qui sont propres à cette
» force. Tant que ces mouvemens sont purs,
» simplement spirituels, dégagés de tout lien,
» de toute force matérielle, ils sont si déliés,
» si rapides, si peu marqués, qu'à peine lais-
» sent-ils de trace dans la conscience; ils y
» passent comme l'éclair. Ce sont là ces *demi-*
» *pensées,* ces vagues *sensations,* ces notions
» irréfléchies, qu'on retrouve en soi-même
» dans tous les instans où l'on ne donne nulle
» attention à ce qu'on voit, où l'on se borne à
» sentir; et de fait on n'en auroit pas d'autres,
» si les choses en restoient toujours là. Mais,
» comme il est inévitable que l'esprit vienne
» à réfléchir, à recueillir ces impressions, et
» qu'alors la perception est en lui plus ferme

» et plus *prononcée*, ces pensées, ces mouve-
» mens intellectuels, deviennent plus forts,
» se produisent avec plus d'énergie, et sortent
» de la pure conscience pour pénétrer dans
» l'organisation. En y pénétrant, ils y déter-
» minent certains *mouvemens internes*, que
» suivent aussitôt les gestes d'attitude, la phy-
» sionomie et la *parole*. L'organe vocal, en
» particulier, est très-propre, par son extrême
» souplesse, à bien recevoir et à bien rendre
» ces impressions de l'ame. Il *arrive donc* que
» les pensées *se mettent en rapport* avec les
» mouvemens organiques, et principalement
» avec les sons, qu'elles s'y allient et s'y unis-
» sent intimement. C'est au point qu'on a peine
» quelquefois à les en distinguer, et qu'on croit
» les voir, les saisir, les sentir réellement dans
» les phénomènes, qui n'en sont cependant
» que les signes. Or, une telle alliance n'a pas
» lieu sans que ces actes de l'esprit ne parti-
» cipent plus ou moins à la nature de ceux
» du corps. Ils *prennent quelque chose* de leur

» caractère et de leur allure; ils deviennent
» plus positifs et plus marqués; ils se *maté-*
» *rialisent* en quelque sorte, et sont alors des
» pensées qui, arrêtées et fixées par l'expres-
» sion, s'achèvent, se définissent et se *chan-*
» *gent* en idées claires et distinctes. *C'est ainsi*
» *qu'on pense au moyen des signes, et surtout*
» *au moyen des mots.* »

Que faut-il penser de cette explication,
puis-je à mon tour demander à M. Damiron,
et qu'en pense-t-il lui-même? en est-il pleinement satisfait? ne trouve-t-il pas un peu
précipitée la conclusion qu'il a tirée de ce long
raisonnement, et que j'ai soulignée? Toutes
ces locutions physiques qu'il emploie pour expliquer le fait moral de l'invention du langage,
ces forces, ces mouvemens internes et intellectuels dont il parle comme il parleroit de
mouvemens *intestins et qui passent comme*
l'éclair, ces demi-pensées qui sortent de la
conscience et passent dans l'organisation, cette
parole, qui est, dit-il ailleurs, *une sortie de*

l'esprit qui passe de la conscience dans les nerfs, s'y projette, pour ainsi dire, et s'y pro- duit sensiblement au moyen du son et de la voix ; ces pensées qu'on croit *voir, saisir, sen- tir, dans des phénomènes qui ne sont pas des signes, ces actes de l'esprit* qui se *matérialisent, en quelque sorte,* etc. tout cela lui paroît-il à lui-même, et dans la pensée et dans l'expres- sion, bien philosophique? Ces *demi-pensées,* ces *vagues sensations, si déliées, si rapides,* qu'à peine laissent-elles *des traces dans la conscience; ces notions irréfléchies alors qu'on se borne seulement à sentir,* lui rendent-elles une *raison suffisante* de l'art merveilleux du langage articulé et de tous ses phénomènes? M. Damiron confond-il les idées et les images, les pensées et les sensations? Est-ce qu'il y a des moitiés de pensées ou des moitiés d'expres- sions? Il n'y a pas encore de langage, et il veut que l'esprit *réfléchisse, recueille des im- pressions vagues et fugitives, qui ne laissent pas de traces dans la conscience,* et qu'alors la perception *soit plus forte et plus prononcée;* expression remarquable, qui échappe au philosophe, et qui devroit lui faire apercevoir qu'une perception n'est *prononcée* que lorsqu'on peut la *prononcer* ou la parler. Il faut pour cela que la *conscience pénètre dans l'organisation* : comment se fait ou peut se faire cette action de l'être moral qui *pénètre* l'être physique? La conscience est-elle autre chose que l'intelligence qui réfléchit à ce qu'elle a fait, à ce qu'elle fait ou veut faire, à ses devoirs, à ses fautes, etc.? Et y a-t-il conscience, *suî scientia,* sans pensée et par conséquent sans expression? Combien d'autres questions à adresser à M. Damiron avant de lui accorder cette conclusion si peu préparée : « C'est » ainsi qu'on pense au moyen des signes et » surtout au moyen des mots ! »

Est-ce que M. Damiron compare le geste ou le dessin, *signe* de la pensée, aux choses matérielles, images ou figures que les Latins appeloient *signa,* avec les mots qui ne sont pas *les signes*, mais *l'expression* naturelle de la pensée, ou la pensée exprimée et rendue sensible?

Mais le raisonnement par lequel M. Damiron veut expliquer l'invention du langage par l'homme lui-même, peut-il détruire ou seulement balancer le fait évident, palpable, visible comme la lumière du soleil, du *mutisme* qui n'a pour cause que la *surdité*, ou l'absence d'*une* langue transmise, pour ceux qui ne sont pas sourds? Si l'organe des premiers inventeurs du langage, au temps de la plus extrême barbarie, puisqu'elle précédoit l'invention du langage, a pu, à cause de sa prodigieuse souplesse, se prêter, comme dit M. Damiron, aux *mouvemens* intellectuels, et produire spontanément le langage, comment nos muets, au milieu de toutes les relations de la société, qui donnent aux esprits bien plus de mouvement et d'activité, entourés d'êtres parlans et entendans, et en commerce continuel avec eux, malgré tous les bienfaits d'une éducation qui ne leur laisse pas les mots à inventer, puisqu'elle s'applique à leur enseigner les mots d'une langue toute formée, comment nos muets ne peuvent-ils pas même répéter cette parole, et ne font-ils entendre que des sons inarticulés qui les rapprochent bien plus de la brute que de l'homme? Et encore il faut remarquer, comme une nouvelle preuve, que depuis le premier homme qui la reçut de Dieu, l'art de parler a toujours été transmis et est venu aux hommes, comme la vie, par succession; que l'homme, même doué de tous ses sens, ne parleroit qu'avec une extrême difficulté, ou même ne parleroit pas du tout, si, jusqu'à quinze ou vingt ans, il étoit entièrement séquestré de la société de ses semblables, parce que son organe vocal n'auroit plus assez de souplesse pour se prêter aux combinaisons infinies du langage articulé.

La production de l'esprit par la parole, est comme celle des corps le résultat de l'action simultanée de deux agens; et de là vient sans doute que les mêmes expressions s'appliquent aux deux opérations, et qu'on dit, en parlant de la pensée, *conception, production, fécondité* de l'esprit, *génération* des idées, etc.

Non, philosophes, vous ne dissiperez pas le doute de J. J. Rousseau, « que la parole lui » paroît avoir été fort nécessaire pour inventer » la parole. » Jamais vous n'expliquerez autrement que par une transmission primitive la merveille de la parole et le fait de sa transmission journalière : et, lorsque vous ne niez pas l'existence d'un Être supérieur à l'homme, et que vous avez pour vous l'opinion de tous les peuples qui ont admis une révélation, et l'exemple des nations les plus éclairées et des plus beaux génies qui ont cru à celle que reconnoissent les chrétiens, pourquoi vous égarer dans des hypothèses chimériques ou absurdes, supposer toujours ce qui est en question, et vouloir que la pensée ait précédé la parole, lorsque, sans parole, je le répète, l'homme ne pourroit avoir eu même la pensée de l'invention ?

Mais si la Divinité a créé l'homme parlant, ou lui a révélé l'art de parler après l'avoir créé, elle lui a donc donné aussi le merveilleux organe de la voix, et celui plus merveilleux peut-être de l'ouïe, sans lesquels il ne pourroit parler : elle a donc créé l'homme *intelligence servie par des organes;* elle a donc créé les organes sans lesquels il ne pourroit parler, et l'activité de son intelligence seroit sans action; elle a donc créé l'univers, habitation de l'homme, et sans lequel le genre humain ne sauroit subsister. Ces vérités, je le sais, ne se démontrent pas de la même manière que le *carré de l'hypoténuse,* où les propriétés du cercle se démontrent à nos yeux et à notre esprit; mais elles se démontrent à la partie la plus élevée de notre intelligence, à notre raison; elles se démontrent avec la même certitude que les vérités géométriques, par une suite d'inductions et de conséquences si naturelles et si évidentes, qu'elles sont comprises par les enfans et les hommes les plus simples; et si une science orgueilleuse demande qu'on lui explique comment l'Être incorporel a pu agir sur la matière pour lui donner l'existence et la forme, je m'engage à la satisfaire pleinement, si elle daigne m'expliquer comment la volonté, qui est aussi quelque chose d'incorporel, peut agir sur les organes, qui sont aussi de la matière, sur la langue pour la faire parler, sur les mains pour les faire agir, sur les yeux et les oreilles pour les faire regarder et écouter, sur le corps tout entier pour le transporter d'un lieu à un autre; et agir sur les organes non-seulement pour leur commander ce qui peut leur être utile ou agréable, mais pour leur commander la fatigue, la douleur, la souffrance, la mort, oui, la mort; puissance de la volonté de détruire même ses organes, puissance de l'homme sur lui-même, puissance incompréhensible et qui n'a pas de modèle, si on peut le dire, dans la puissance même de Dieu, qui ne peut rien contre lui-même, et dont toutes les lois ne tendent qu'à la conservation des êtres qu'il a créés.

M. Damiron croit que la révélation une fois admise, « tout ce qui n'y revient pas et n'y est » pas conforme, est réputé par les chrétiens er-» reur et mensonge, sciences physiques, scien-» ces métaphysiques, sciences morales, etc. Mais le philosophe peut-il ignorer que nous n'étudions pas dans les livres saints les sciences physiques, quoique sur plusieurs points l'observation ait confirmé les faits exposés dans les livres saints? Malebranche n'y a pas cherché sa métaphysique, ni Leibnitz sa *Théodicée;* ils ont pu se rencontrer avec les livres saints, comme le feront tous ceux qui s'occuperont à développer les vérités de l'ordre moral; mais, s'ils y ont trouvé la vérité, on peut dire que c'est sans l'y chercher. Et, lorsque de préten-dus savans ont l'injustice d'accuser la révéla-tion d'arrêter les recherches sur des objets de science ou de philosophie, je leur demanderai de quelles connoissances nécessaires, ou sim-plement utiles, la foi à la révélation a borné les progrès; je demanderai à l'éclectisme ce qu'il a trouvé depuis qu'il cherche, ce qu'il a préféré depuis qu'il *choisit*.

Je crois avoir démontré, dans les *Recherches philosophiques sur les premiers objets de nos connoissances morales*, la nécessité physique et morale de la transmission primitive du langage, prouvée pour nous, pour tous les hommes, tous les temps et tous les lieux, par la nécessité de sa transmission constante et journalière à tous les êtres humains, à mesure qu'ils arrivent à la vie sociale; prouvée par l'impossibilité de parler où sont les hommes à qui la parole n'a été ni pu être transmise; prouvée encore par la nécessité de l'expression ou de la parole, pour penser aussi bien que pour parler, pour penser aux choses qui ne peuvent pas se présenter sous des images ou figures, et pour en parler aux autres. Personne, que je sache, n'a essayé de combattre ces deux propositions, et je ne crains pas d'assurer que personne ne le tentera avec succès; et certes, il faut bien qu'elles soient incontestables, puisque, pour les combattre, on s'est jeté dans l'hypothèse ridicule, si elle n'étoit monstrueuse, de l'homme né, sous la forme de poisson ou d'insecte, de la terre échauffée par les rayons du soleil, etc.

Ces deux vérités une fois reconnues, il étoit naturel de chercher les pensées dans l'expression, puisque nous ne pouvons les connoître nous-mêmes ni les faire connoître aux autres par un autre moyen, et les pensées les plus générales sous les expressions les plus générales. C'est ce que j'ai fait, et nous entrons ici sur le terrain de la métaphysique ou de la philosophie transcendante, qui est la connoissance des vérités les plus générales, bien différente des sciences proprement dites, dont chacune s'attache à considérer et à développer quelque vérité particulière, historique, politique, chronologique, géométrique, astronomique, botanique, zoologique, etc.

Ces expressions les plus générales, puisqu'elles comprennent absolument tous les êtres et leurs rapports les plus généraux, une fois trouvées dans la langue la plus vraie et la plus exacte qui fût jamais, j'en ai fait l'application à la société, c'est-à-dire, à ce qu'il y a de plus général dans nos conceptions, puisqu'il comprend aussi tous les êtres intelligens et sociaux.

J'ai donc cherché les caractères généraux, naturels ou nécessaires, permanens, par conséquent, et indestructibles, de la société en général et des sociétés en particulier, et de toutes les sociétés; caractères plus ou moins explicites et développés suivant les divers états de société, et d'où naissent des rapports entre les êtres semblables qui composent chaque société, rapports domestiques ou publics, religieux ou politiques, généraux ou particuliers, universels ou locaux; et partout j'ai retrouvé ces caractères sans effort, sans subtilité, et leurs diverses manières d'être, qui distinguent les sociétés en sociétés parfaites ou imparfaites, constituées ou non constituées, selon que ces caractères et les rapports qui en découlent sont conformes ou contraires à la nature des êtres en société.

Enfin, et pour compléter la démonstration, j'ai retrouvé l'expression de ces caractères dans les habitudes les plus familières du langage, comme j'en avois trouvé le type dans les conceptions les plus élevées auxquelles la raison puisse atteindre.

Feu M. Loyson, professeur de l'École-Normale, cité par M. Damiron, a traité de *calembourg* cette vaste catégorie, qui, dans son expression comme dans sa réalité, comprend tous les êtres. Cette légèreté dans une matière aussi grave ne fait honneur, ni à la philosophie du professeur, ni à celle de l'École-Normale.

C'est là, je le crois du moins, de la philosophie, et de la philosophie appliquée à la société. Les écoles de philosophie moderne, matérialiste ou éclectique, ont fait la philosophie de l'homme *individuel*, du *moi*, qui joue un si grand rôle dans leurs écrits; j'ai voulu faire la philosophie de l'homme *social,* la philosophie du *nous,* si je peux ainsi parler, et ces deux pronoms, *moi* et *nous,* distinguent parfaitement les deux manières différentes de philosopher.

Qu'on y prenne garde, cependant; jamais ce *moi,* mille fois répété, ne peut être ni dire *nous;* et quel est le *moi* qui puisse dire *nous,* si ce n'est un *moi général,* un *moi* pouvoir, un homme, enfin, qui représente tous les autres; *l'homme roi* dans une société, L'HOMME DIEU dans l'univers?

C'est, je le répète, de la philosophie, et la seule vraie, la seule positive, la seule qui explique l'homme social, et qu'on ne peut considérer hors de la société.

Ni la philosophie des sens, ni celle du doute, qui cherche et cherchera toujours, ne peuvent convenir à l'âge avancé de la société. La première, étrangère à l'homme moral, et qui ne voit dans l'homme que la partie animale et matérielle, n'est au fond que le cha-pitre *homme* d'un traité de zoologie; l'autre est en arrière de dix-huit siècles sur le temps présent. Il n'y a plus, depuis l'établissement du christianisme, d'autre philosophie raison-nable que la philosophie religieuse, et c'est une grande vérité, même philosophique, que cette parole d'un Père de l'Église : *Solutio om-nium difficultatum Christus.*

Cette philosophie, à la fois théorique et pratique, qui a confondu la sagesse du Por-tique et évangélisé les pauvres, c'est-à-dire, enseigné les hommes les plus simples, éclaire l'esprit du savant qui l'étudie, et échauffe le cœur de l'homme simple, à qui la vue d'une croix sur un grand chemin en dit plus que les *Entretiens de Mallebranche,* la *Théodicée de Leibnitz,* ou les *Lettres d'Euler,* n'en disent aux savans.

Aussi, dit M. Damiron, « le peuple et les » philosophes ne pensent pas de la même fa-» çon, et cependant leurs idées ne se repoussent

» pas ; elles diffèrent sans se combattre, et se
» rapportent au fond malgré la forme. Ainsi,
» les philosophes ne font qu'un avec le peuple :
» leur pensée n'est que sa pensée, leurs doc-
» trines ne sont que sa foi. » Il y auroit quelque chose à rabattre de cette conclusion, et
les doctrines de nos philosophes ne sont heu-
reusement pas la foi des peuples. C'est ce qui
m'a souvent fait désirer qu'on pût mettre le
livre de l'enfance, le *Catéchisme*, à la portée
des savans, comme on a mis l'enseignement
des sciences et des lettres à la portée des
enfans.

En considérant sous un point de vue rationnel les vérités proposées à notre foi, n'ai-je
pas rempli un des vœux de la philosophie ?
« Ne viendra-t-il pas une autre époque, dit
» M. Damiron, où ce que la dernière manifes-
» tation (de la vérité) pourroit avoir encore
» d'obscur et de mystérieux, paroîtra plus
» intelligible et plus clair ; où une croyance
» *nouvelle,* fille et héritière du christianisme,

» en reproduira les dogmes, mais sous des
» formes qui conviendront mieux que les pré-
» cédentes à la manière dont tout le monde
» voit aujourd'hui les choses ? »

Non, il n'y aura point, il ne peut y avoir
de croyance *nouvelle*. Le christianisme a rempli sur ce point tous les vœux raisonnables de
l'esprit : il a satisfait tous les besoins du cœur;
mais il peut y avoir de nouveaux motifs de
croire, et la force de la religion chrétienne,
au milieu des attaques les plus furieuses et les
plus habiles qu'elle ait essuyées, est pour nous,
qui en sommes témoins, un de ces nouveaux
motifs de croire à sa divinité. Non, il n'y aura
point de *nouvelle* croyance; mais l'ancienne
croyance peut recevoir de nouveaux développemens qui la rendront plus auguste et plus
chère, non *à ce monde qui voit les choses de la
religion d'une certaine manière*, c'est-à-dire,
avec indifférence, ignorance, haine ou mépris;
à ce monde qui ne paroît nombreux que parce
qu'il fait du bruit; mais à ce monde chrétien

qui, trouvant assez de lumières dans la religion, n'en est pas moins disposé à en accueillir
de plus grandes, pourvu qu'elles soient ap-
prouvées par la grande autorité de l'Église,
qui *éprouve tous les esprits et n'en repousse
aucun*.

PRÉFACE.

Dans les *Recherches philosophiques sur les premiers objets de nos connoissances morales*, j'ai considéré l'homme, *intelligence servie par des organes*, ses idées, ses images, ses sensations, en un mot toutes ses facultés individuelles, et j'aurois pu intituler cet ouvrage : *Philosophie de l'homme.*

Dans l'écrit que le lecteur a sous les yeux, je considère la société en général, *réunion d'êtres semblables pour leur production et leur conservation mutuelles*, et ses élémens naturels et constitutifs; j'applique cette définition aux différentes espèces de sociétés domestiques, civiles, religieuses, et à leurs combinaisons ou modifications diverses; sociétés toutes *semblables*, comme l'indique le nom de société, commun à toutes, bien différentes de ces associations de commerce ou d'entreprises, ouvrage de l'homme, et dissolubles à sa volonté.

Ce vaste sujet, je l'avois ébauché dans un *Essai analytique sur les premiers principes de l'ordre social*, et plus développé, d'une manière à la vérité plutôt historique que philosophique, dans la *Théorie du pouvoir politique et religieux;* ouvrage saisi sous le Directoire, qui n'a pas reparu depuis, et auquel celui-ci pourroit servir d'introduction.

J'ai en effet cherché par les seules lumières de la raison, et à l'aide du raisonnement, s'il existoit un fait unique, évident, palpable, à l'abri de toute contestation, qui fût le principe générateur, ou seulement constitutif, de la société en général et de toutes les sociétés particulières, domestiques, civiles, religieuses; qui portât dans toutes le même nom, qui remplît dans toutes les mêmes fonctions, qu'on aperçût jusque dans les sociétés les plus imparfaites et leurs combinaisons les plus irrégulières; et cet élément ou principe,

une fois connu, m'a conduit de conséquence en conséquence à des résultats que
je peux dire inattendus, et sur lesquels
j'appelle le jugement du public éclairé et
impartial.

Je n'ignore pas que, dans beaucoup
d'esprits, l'impartialité n'est aujourd'hui
que de l'indifférence pour la vérité, et que
les lumières, les lumières morales, les
seules qui méritent ce nom, disparoissent
de plus en plus, remplacées par des connoissances d'arts et d'objets tous matériels,
accessibles à tous les esprits et même aux
hommes sans esprit; connoissances qu'on
prend pour des lumières, quoiqu'elles n'é-
clairent l'esprit ni sur le vrai bonheur de
l'homme, ni sur le bon ordre de la société, et qu'elles puissent plutôt, par leur
excès, matérialiser l'homme et corrompre
la société.

Le moment n'est donc pas favorable,
je ne dis pas au succès d'un pareil ouvrage, je n'ai garde de prévenir à cet
égard le jugement du public, mais seu-

lement à sa publication; et cependant je ne me suis pas découragé. *Scribentur hæc in generatione alterâ,* me suis-je dit avec le psalmiste : j'ai pensé qu'il pouvoit tôt ou tard tomber en des mains qui le feroient fructifier, ne fût-ce qu'en le refaisant et en le présentant sous une forme moins didactique; car, dans mes nombreux travaux, tous relatifs à la société, j'ai plutôt songé à sonder et à raffermir les fondemens de l'édifice, qu'à le décorer et à l'embellir.

Mon premier objet, en traitant philosophiquement des principes de la société, a été d'en faire l'application à la société religieuse, mère de toutes les autres, et particulièrement à la religion chrétienne, méconnue par la honteuse et superbe ignorance des uns, attaquée par les autres avec une haine furieuse, que la vérité seule a le triste privilège d'inspirer : car on ne peut ni aimer ni haïr à demi la vérité; *quiconque n'est pas pour elle est contre elle,* et c'est ce qui a fait, même dès l'origine du christianisme, des bourreaux et des martyrs.

Les écrivains qui depuis un siècle ont fait de la religion chrétienne, et surtout de la religion catholique, l'objet de leurs sarcasmes, de leurs sophismes ou de leurs déclamations, ont tous supposé que, jusqu'à cette bienheureuse époque, pompeusement décorée du nom de *siècle des lumières,* le monde chrétien avoit été dans l'erreur; que l'enseignement religieux n'avoit été que mensonge et imposture; la foi des peuples, qu'esclavage et aveuglement; la piété, qu'hypocrisie ou foiblesse d'esprit; qu'eux seuls avoient porté les lumières dans les ténèbres et mis les hommes sur la route de la vérité, ou plutôt hors des voies de l'erreur et d'une honteuse crédulité : car ces écrivains ne se sont chargés que de démolir, sans rien mettre à la place; et en annonçant pour une autre époque de nouvelles constructions, ils ne se sont pas du tout occupés de ce que deviendroit la société pendant l'INTERIM.....

Il a été, comme nous l'avons vu, rempli par une sanglante révolution, dont la brutalité toute physique a achevé l'œuvre du bel esprit, sans que les démolisseurs aient paru se douter qu'un grand désordre ne peut avoir pour cause qu'une grande erreur. Ils ont même vu, sans le comprendre, la force et la vie de la religion se débattant sous leurs coups, s'accroître avec ses douleurs et leur violence : tel le soleil, au moment de disparoître et de plonger par son absence le monde dans l'obscurité, répand à l'horizon un plus vif éclat.

J'ai pris mon point de départ d'une idée diamétralement opposée; et convaincu que l'ordre, la force, la sécurité, la prospérité, la douceur des mœurs, la politesse des manières, la décence dans la conduite, la charité envers ses semblables, la bienveillance universelle, en un mot toutes les vertus privées et publiques, et tous les biens, sont les fruits nécessaires de la vérité; et comparant, sous ce rapport, le monde idolâtre (1), le monde païen, le monde mahométan, le monde encore sauvage, le monde même philosophique, tel que l'a fait la révolution, au monde chrétien, j'ai cru que la vérité étoit dans la chrétienté, qu'elle y avoit toujours été, et que les désordres locaux et passagers qui avoient pu s'y manifester, prouvoient seulement que la vérité n'avoit pas été toujours et partout complètement développée; car tout ce que les hommes peuvent espérer de mieux dans la recherche de la vérité, est de découvrir des vérités fécondes, et non des vérités complètes.

J'ai cru que la société chrétienne n'auroit pas pu croître, se civiliser, se perfectionner, s'affermir sous l'influence d'une fausse doctrine de religion, de la religion qui se mêle aux lois, aux mœurs, aux pensées, aux sentimens, aux actions, aux

____

(1) Je distingue le paganisme de l'idolâtrie : le paganisme étoit l'idolâtrie des peuples policés, comme les Grecs et les Romains.

habitudes domestiques et civiles d'un peuple qui pénètre, si je peux ainsi parler, sa vie toute entière, privée et publique, pas plus qu'un élève, dans un art ou une science quelconque, ne pourroit y faire de progrès, si son esprit étoit imbu de faux principes sur cette science ou sur cet art; et j'aurois pour garant de mon opinion de l'influence puissante de la religion sur l'état d'un peuple, ces paroles d'un philosophe de ces derniers temps, ennemi haineux du christianisme, Condorcet : « La religion mahométane re-» tient les Turcs dans une incurable stu-» pidité. »

Ce qui explique la différence, ou plutôt l'opposition totale qui existe entre l'opinion des ennemis de la religion et la nôtre, c'est qu'ils n'ont vu dans la société et dans la religion que l'homme, l'homme individuel, ses erreurs, ses passions, ses foiblesses, et ils en ont demandé compte à la religion : comme si la religion pouvoit changer notre nature et faire autre chose que nous offrir, pour en redresser les mauvais penchans et les diriger vers le bien, des secours et des moyens dont nous sommes toujours libres de ne pas profiter! Ils ont même exagéré les vices qu'elle n'empêche pas, quoiqu'elle les condamne, et n'ont pas aperçu les vertus qu'elle produit. Ils ont déclamé contre les vices des chrétiens, et leur ont opposé les vertus des païens, sans faire attention qu'on ne remarque les vices que chez un peuple vertueux, et les vertus que chez un peuple vicieux, parce qu'on ne remarque, en général, que ce qu'il y a de plus rare. Ils n'ont pas vu que les vertus se cachent, et que c'est même une vertu de ne pas faire parade de sa vertu; que les vices, au contraire, se montrent, et sont chez les chrétiens plus remarqués, par la raison que, dans une marche de troupes bien ordonnée, on ne remarque que ceux qui sortent des rangs. Les yeux malades de la haine ne se sont fixés que sur un coin du ta-

bleau, ils n'ont donc vu que le particulier, que l'homme; je n'ai vu que le
général, que la société. Ils ont cru que
c'étoit à l'homme à faire la société, et
je crois que c'est à la société à faire
l'homme; et c'est surtout dans les sociétés chrétiennes, comparées à toutes les
autres, que se montre l'influence toute-
puissante de la religion.

Autant que j'ai pu en juger par l'extrait
qu'en ont donné les journaux, l'enseignement philosophico-historique d'un professeur célèbre met dans le plus grand
jour cette différence. Il ne veut, ce semble, qu'une religion individuelle, et reproche à la religion d'être devenue l'*É-
glise*: c'est reprocher à la société politique
d'être devenue *gouvernement*. Faite pour
la société, et société elle-même, la religion chrétienne a dû en revêtir tous les
caractères. Il lui reproche, comme un
empiètement sur les droits de l'homme,
d'avoir attenté à la liberté de penser :
mais une société toute spirituelle ne peut

pas plus permettre la liberté de penser autrement qu'elle n'enseigne à croire, qu'une société politique ne peut permettre la liberté d'agir autrement qu'elle ne le prescrit; et l'une et l'autre, sous peine de tomber dans l'anarchie des pensées et des actions, ont dû se réserver le droit de juger les pensées et les actions contraires à l'ordre qu'elles ont établi.

Le même professeur conteste donc à la religion le droit de coaction et de répression. Calvin, cependant, dont ce professeur suit la doctrine, en a largement usé envers le malheureux Servet, et il a posé en principe que les magistrats pieux doivent être les vengeurs et les soutiens des doctrines religieuses : « *Ergo pietatis* » *doctrinæ vindices erunt pii magistra-* » *tus.* » Mais l'idée de société renferme en elle le droit de juridiction, de tribunal, de jugement, et, par conséquent, de mesures coactives et répressives; et une société qui n'auroit ni juridiction sur ses membres, ni lois, ni juges pour les appliquer, ni jugemens à porter, ne seroit pas une société.

Je l'ai donc vue, cette religion tant calomniée, parler au cœur des hommes les plus simples comme à l'esprit des plus éclairés; inspirer à tous les dévouemens les plus généreux, et les sacrifices les plus pénibles à la nature, les sacrifices qui sont la plus grande force de l'homme, le mépris des richesses, des grandeurs, des douceurs de la vie, de la vie elle-même; envoyer ses missionnaires aux extrémités du monde, chez des peuples barbares, combattre toutes les erreurs et braver tous les périls; je l'ai vue appeler le sexe le plus foible à consacrer sa vie entière aux soins les plus rebutans du soulagement des infirmes ou de l'éducation de l'enfance; ouvrir des asiles à ceux qui ne veulent pas du monde, ou dont le monde ne veut pas, et les y employer au service ou à la sanctification des hommes; obtenir de l'opulence ces fondations pieuses où sont servies et soulagées toutes les misères humaines; je l'ai vue régner sur les sociétés les plus fortes et les plus éclairées qui furent jamais; multiplier enfin, si les gouvernemens ne les contrarioient pas, ses bienfaits, ses secours, ses services, à mesure que la dépravation des mœurs, le désordre des doctrines et la haine de ses ennemis augmentent; toujours féconde et toujours jeune; car une religion, qui, après dix-huit cents ans, inspire tant de dévouemens et de sacrifices, ne fait que commencer.

A la vue de tant de prodiges et de tant de bienfaits, j'ai regardé, non comme une opinion fausse, mais comme une opinion absurde, que cette religion n'eût été qu'une grande imposture et une longue erreur; et sans demander à son enseignement la démonstration de sa vérité, je me suis demandé à moi-même si, la religion étant une société et la mère de toutes les autres, l'homme ne pouvoit pas trouver dans la constitution naturelle et générale de la société la raison des croyances religieuses, qu'il ne découvroit pas en lui-même, et dans la raison individuelle : je me suis demandé si la facilité avec laquelle le christianisme s'est propagé à sa naissance chez les peuples païens, et de nos jours chez les peuples sauvages, lorsque son autorité ne pouvoit encore avoir été démontrée aux uns ni aux autres, ne prouvoit pas, indépendamment des œuvres surnaturelles qui ont pu accompagner sa prédication, qu'il y a dans les croyances même les plus mystérieuses quelque chose qui *s'assimile* aux pensées, aux sentimens de l'homme social, même à son insu, pour les éclairer et les diriger, à peu près comme les substances alimentaires *s'assimilent* à nos corps pour les nourrir, sans que nous puissions connoître leur nature et leur rapport à nous, ni savoir comment elles agissent sur nos organes et se convertissent en nos différentes humeurs.

Et qu'on prenne garde que, ce qu'il y a de plus élevé et de plus mystérieux dans les croyances dogmatiques de la religion,

n'est pas ce qui pénètre le plus difficile-
ment dans l'esprit des peuples, et que les
prescriptions morales, dont elles sont la
sanction, éprouvent de leur part bien plus
d'obstacles. Le goût des hommes pour le
merveilleux et le surnaturel, ou plutôt le
surhumain, qu'ils cherchent jusque dans
les fictions, ce goût plus vif à mesure que,
par leur âge ou leur état social, ils sont
plus près de leur nature originaire, est à
mes yeux la preuve la plus forte que
l'homme sent en lui et hors de lui quelque
chose de plus élevé que lui-même, qu'il
le cherche surtout dans la religion pour y
trouver la raison des devoirs qu'elle lui
impose. Une religion sans mystères, sans
miracles, sans mission divine réelle ou
supposée, ne paroîtroit à l'homme que
l'ouvrage de l'homme; il se révolteroit
contre elle comme contre une insuppor-
table tyrannie, qui n'obtiendroit, par conséquent, ni créance dans son esprit, ni
autorité sur ses mœurs; et ce système de
religion, purement humain, ne pour-

roit contenter tout au plus que celui qui l'auroit inventé : et de là vient qu'aucun système, je ne dis pas *idéologique*, amusement stérile et sans résultat, mais purement philosophique, n'a pu encore et ne pourra jamais être universellement accrédité, parce qu'un système philosophique est une sorte de religion toute humaine, à laquelle l'homme ne trouve aucune raison de croire et moins encore d'obéir. L'homme qui, de son chef, veut imposer à ses semblables des croyances morales, s'annonce par cela seul pour une intelligence supérieure à celle des autres hommes, s'érige lui-même en Dieu, et il faut autre chose que des mots et des phrases pour légitimer cette usurpation.

On demandera peut-être pourquoi il y a tant d'incrédules et d'ennemis de la religion, si elle est prouvée à la fois par la raison et par l'autorité. La réponse est facile : il y a long-temps qu'on a dit que, s'il résultoit quelque obligation morale de la proposition géométrique, que *les trois angles d'un triangle sont égaux à deux angles droits,* cette proposition seroit combattue, et sa certitude mise en problème. Même quand l'esprit consent aux vérités religieuses, le cœur trop souvent s'y refuse; et, si la philosophie peut éclairer l'esprit, la religion seule a le pouvoir de changer les cœurs : et puis il y a si peu d'hommes qui aient la force de suivre toute leur raison!

Cependant cette haine de la religion que tant d'hommes professent ouvertement; cette crainte de son autorité, que montrent un peu trop les gouvernemens, influe plus qu'on ne pense sur les conseils de la politique; et il n'est pas douteux que la chrétienté, en perdant la foi au christianisme, perdroit en même temps sa force et ses lumières : et quel temps, en effet, fut plus fécond que le nôtre en doctrines erronées et en foiblesse politique!

Je n'ignore pas que tout écrivain qui traite aujourd'hui, même philosophiquement, dans un sens religieux et monar-

chique, de matières religieuses et politiques, au lieu de critiques qui l'éclairent,
ne trouve que des ennemis qui l'outragent.
Les uns, qui n'ont ni assez de force d'esprit pour croire à la religion, ni assez de
force de caractère pour la pratiquer, l'ac-
cusent d'hypocrisie ou de fanatisme; les
autres, prenant leurs systèmes politiques
pour le type de toute perfection, le taxent
d'intentions séditieuses, et lui reprochent
de troubler les gouvernemens; et, au
lieu de réfuter rationnellement des considérations rationnelles, s'en prennent à
l'auteur même le plus inoffensif, et trouvent plus prompt, plus sûr, et surtout plus
facile, de verser sur sa personne, qu'ils ne
connoissent pas, sur son caractère, sa vie,
sa famille, sa fortune, le mensonge et la
calomnie. Dans ce dernier combat de
l'erreur contre la vérité, la détraction
et l'imposture sont un métier lucratif; et
leur publication impunie et sans frein est
comptée au nombre des libertés publiques.
Mais le sacrifice de soi est le premier que

demande de ses défenseurs la sainte cause catholique et monarchique. Ainsi, en soumettant la partie religieuse de mes écrits à l'autorité religieuse, je déclare hautement que je ne reconnois à aucune autorité humaine le droit de m'imposer ses opinions politiques, et qu'aucune considération, aucune crainte, ne me fera sacrifier des vérités que je crois éternelles, à des systèmes d'un jour ou d'un siècle, et à des intérêts d'un moment.

DÉMONSTRATION

PHILOSOPHIQUE

DU PRINCIPE CONSTITUTIF

DE LA SOCIÉTÉ.

CHAPITRE PREMIER.

DE LA SOCIÉTÉ.

Le genre humain a commencé par une famille, et la preuve en est sensible, puisqu'il continue par des familles ; et que, si on pouvoit le supposer réduit à une famille, il suffiroit d'une famille pour le recommencer.

Trois êtres *semblables*, puisqu'ils appartiennent tous à l'humanité, mais non égaux, puisqu'ils ont des fonctions différentes, *père, mère, enfant,* constituent la famille : constitution naturelle et nécessaire, puisqu'on ne peut supposer la famille composée de plus ou de moins que du père, de la mère, et des enfans.

La famille est donc essentiellement *mono-*

game, c'est-à-dire, formée du seul mariage d'un homme et d'une femme.

La *polygamie,* ou plusieurs mariages successifs, est non une famille, mais plusieurs familles, puisque chaque mère fait la sienne (1).

Nous traiterons des effets de la polygamie en parlant du divorce, qui est une polygamie actuelle ou éventuelle, puisqu'il permet à l'homme d'avoir une ou plusieurs femmes du vivant des premières.

Ce n'est encore là que la famille, rapprochement d'êtres physiques pour la production d'un être semblable à eux.

Mais le genre humain se compose non des êtres produits, mais des êtres conservés; la brute vit passagèrement en famille, mais seulement pour la production de ses semblables, et non pour leur conservation; et, une fois la production assurée, le père, la mère, les petits, vivent étrangers les uns aux autres et ne se reconnoissent plus.

(1) *Monogamie, polygamie* ne veulent pas dire une ou plusieurs femmes, mais un ou plusieurs mariages, sans que les précédens aient été dissous par la mort. Aussi, Théodore de Bèze, un des chefs de la réformation, a intitulé un Traité sur le divorce : *De Polygamiâ seu Divortiis.*

Mais, si la brute vit passagèrement en famille, pour la production de ses semblables, l'homme, être moral, doit vivre en société pour la conservation des êtres que la famille a produits. L'animal naît *parfait,* et n'a rien à apprendre pour sa conservation, des animaux de son espèce; l'homme naît *perfectible,* et a tout à recevoir de la société de ses semblables, car il ne peut se conserver au physique ni au moral que dans sa perfection relative; et, de même que le gland périt s'il ne devient chêne, l'enfant périt s'il ne devient homme.

CHAPITRE II.

DE LA SOCIÉTÉ DOMESTIQUE.

Revenons pour un instant à la famille par laquelle commence toute société : *Prima societas,* dit Cicéron, *in ipso conjugio est.* Dans le père est le *pouvoir,* c'est-à-dire la volonté et l'action de produire et de conserver, ou de développer l'intelligence de l'enfant, en lui donnant, par la communication de la parole, le moyen d'apprendre tout ce qu'il lui est nécessaire de savoir pour sa conservation.

Le père agit pour la conservation, comme pour la production, par le *moyen* ou le *ministère* de la mère, qui concourt à l'accomplissement de la volonté et de l'action du *pouvoir*.

L'enfant *sujet* à cette volonté et à cette action, est, pour la production comme pour la conservation, le produit de l'un et de l'autre, et procède de tous deux.

Ainsi, aux dénominations physiques et particulières de *père*, de *mère*, d'*enfant*, communes aux familles même d'animaux, substituons les expressions morales et générales de *pouvoir*, *ministre*, *sujet*, qui désignent l'être intelligent, conviennent à la société et même à toute société, et ne peuvent convenir qu'à elle.

Pouvoir, ministre, sujet, sont les *personnes* sociales, appelées PERSONNES, *quia per se sonant,* c'est-à-dire parce que leur nom seul indique leur rang et leurs fonctions.

Nous pouvons donc à présent opérer avec ces expressions générales, qui représentent toutes les *personnes* dans toutes les sociétés; rendre, au moyen de ces expressions, raison de tous les accidens des sociétés, et résoudre tous les problèmes qu'elles présentent. C'est ainsi que les géomètres opèrent sur toutes les quantités avec des signes généraux, qui leur servent à exprimer toutes les valeurs particulières, et à résoudre avec des formules tous les problèmes de *l'analyse*. Il y a toutefois cette différence à l'avantage de la science politique, que les signes a, b, x, y, ne disent rien à la pensée, et sont une lettre morte qui ne parle à l'esprit que lorsqu'on a substitué à leur place des valeurs concrètes et particulières; au lieu que les expressions *pouvoir, ministre, sujet,* offrent toutes seules à la pensée un sens précis et déterminé; et de même que les géomètres parviennent, par le secours de signes, à des résultats qu'ils n'auroient pu obtenir ou n'auroient obtenus qu'avec de grandes difficultés, et en opérant directement par des démonstrations compliquées d'arithmétique ou de géométrie linéaire, sur les quantités particulières de nombres ou d'étendue, je crois que nous pourrons aussi, en opérant avec les expressions générales de *pouvoir, ministre, sujet,* donner une solution satisfaisante de tous les phénomènes, même les plus singuliers, que présente l'état social, ancien et moderne; et peut-être nous arrivera-t-il, comme aux géomètres, d'être conduits à des résultats inattendus et d'une grande importance.

L'homme, *intelligence servie par des organes*, entre en société ou en communication avec ses semblables, avec tout ce qu'il *est* et tout ce qu'il *a*, avec son *être* et son *avoir*, son intelligence et ses organes; par conséquent avec l'expression organique de son intelligence, je veux dire la parole, premier moyen de toute conservation, de toute perfection, de toute sociabilité; parole qu'il transmet à son enfant, comme il l'a lui-même reçue de ses parens, et ceux-ci, en remontant de génération en génération, de la première famille, qui n'a pu elle-même la recevoir que d'un être hors de l'homme et supérieur à l'homme (1).

L'enfant reçoit donc de ses parens l'instruction de la parole, et avec la parole la connoissance de tout ce qu'il lui est nécessaire de savoir ou la faculté d'acquérir cette connoissance;

(1) Voyez *les Recherches philosophiques sur les premiers objets de nos connoissances morales*, par l'auteur de cet écrit. Il n'y a, ce semble, rien de mieux démontré que la nécessité d'une première transmission du langage, puisque sous nos yeux l'enfant parle indifféremment toutes les langues qu'il entend parler, et qu'il ne parle pas s'il n'en entend aucune.

car, si on ne lui parloit pas, il ne parleroit pas lui-même, et les sourds-muets ne sont muets que parce qu'ils sont sourds, et n'ont pas entendu la parole.

L'homme ne naît pas, comme la brute, vêtu et armé; il n'a pas reçu de la nature cet instinct de conservation personnelle, qui, sans éducation de leçon, ni même d'exemple, fait discerner à l'animal ce qui lui est utile ou ce qui lui est nuisible, et lui fait chercher sa proie ou éviter son ennemi; l'animal, je le répète, naît *parfait,* et ce que nous lui apprenons est pour nos besoins ou nos plaisirs, et non pour les siens : l'homme naît *perfectible;* il faut qu'il apprenne à vivre, qu'il *juge* par son *intelligence* tout ce qui est nécessaire à sa conservation, qu'il *combatte* par l'action de ses *organes* tout ce qui s'oppose à l'accomplissement de ses besoins ou au développement de ses facultés. Il faut donc qu'il apprenne tout de ceux qui l'ont précédé dans la carrière de la vie, qu'il apprenne à parler pour apprendre à exprimer ses pensées, et pour les autres et pour lui-même; il faut donc qu'il écoute et qu'il *obéisse;* et je le demande aux matérialistes, qui ne voient dans l'homme qu'un animal un peu mieux organisé que les autres, comment expliqueront-ils ce pouvoir paternel, cette tendresse maternelle, ce respect filial dont la grossière apparence ne survit pas dans l'animal, au temps si court de la gestation et de l'allaitement, après lequel père, mère, petits, ne se reconnoissent même plus, et qui, dans l'homme civilisé, plus encore peut-être dans l'homme sauvage, forment, entre les membres d'une même famille, des nœuds si étroits, des liens si doux et si forts, aussi durables que la vie des enfans, et qui survivent même à la mort des parens? Je demanderai à ces philosophes qui ont enseigné que l'enfant ne devoit rien à ses parens, qui, dans leur union, loin de songer à lui, n'avoient pensé qu'à leur satisfaction personnelle, pourquoi tous ces sentimens d'obéissance et de respect, qui ne semblent pas dans la nature de l'homme et coûtent souvent à ses inclinations? N'en doutons pas, une voix puissante a été entendue d'un pôle à l'autre : « Tu honoreras ton père et ta mère; » elle retentira jusqu'à la fin des temps, et elle seule a tiré la famille humaine de l'animalité, et l'a élevée au rang de société. Le père, pour la conservation ou l'instruction de l'enfant, est donc *pouvoir*, comme il l'a été pour sa production. La mère n'est pas *pouvoir,* mais *autorité,* puisqu'elle a besoin d'être *autorisée* par un époux, et qu'elle est chargée, par la nature, de la première instruction de l'enfant, comme de sa première nourriture; elle est aide et ministre de l'homme, et dans l'abaissement ou le mépris de tous les pouvoirs, même du pouvoir paternel, qui caractérise toutes les révolutions, l'autorité maternelle est encore respectée.

Ce sont des faits que nous avons tous sous les yeux; des faits confirmés par les mœurs et la législation de tous les peuples, et dont la raison démontre la nécessité.

Mais trouve-t-on dans l'histoire des premiers âges du monde la preuve et l'origine de cette autorité maternelle, de ce ministère de la mère, de sa dignité à côté de son époux, enfin de ces relations de *pouvoir,* de *ministre,* de *sujet,* qui forment la constitution de la société domestique? Écoutez. Dans le livre où sont racontées les origines du genre humain, et le plus ancien dont nous ayons connoissance, il est dit : « L'homme quittera son père et sa » mère pour s'attacher à sa femme; ils seront » deux dans une même chair; elle est l'os de » ses os, et la chair de sa chair. Faisons-lui, » dit le Seigneur, une *aide* semblable à lui; »

cet aide s'appellera d'un nom qui marque l'homme, *virago;* sur quoi M. de Sacy observe que ce mot ne peut pas se traduire en français et qu'il est tiré de *vir,* comme pour exprimer le rang de la femme à côté de son époux. Peut-être *ministre* est le mot qui le traduit le mieux (1).

Qu'on y prenne garde, et cette observation reviendra plus d'une fois dans le cours de cet ouvrage, je n'ai pas eu besoin de recourir à l'autorité des livres saints pour y trouver la preuve de ce que devoient être les *personnes* de la société domestique; mais, après avoir constaté comme un fait évident et palpable ce qu'elles sont, j'ai cherché à démontrer que ces faits étoient conformes à ce que les livres sacrés nous apprennent des origines de l'homme et de la société.

Après avoir distingué les uns des autres,

(1) Les Anglais appellent la femme *women,* homme de mal, de malheur, de souffrance, de *woe,* qui veut dire mal, douleur, souffrance, et de *man,* homme. Cette locution remarquable peut s'entendre, dans le sens religieux, du mal introduit dans le monde par la faute de la première femme; dans un sens physique, des misères et des douleurs de la maternité; et dans un sens politique, de l'état de passiveté et de dépendance du *ministère.*

les *personnes* de la société domestique, nous allons examiner les caractères de chacune d'elles.

CHAPITRE III.

CARACTÈRE DU POUVOIR DE LA SOCIÉTÉ DOMESTIQUE, OU DU POUVOIR PATERNNEL.

Le pouvoir domestique est *un* et ne peut être deux, et l'auteur de la nature n'a pas permis à l'homme d'altérer l'élément de la société domestique, type elle-même et élément de toute autre société.

Il est *perpétuel,* et l'enfant est toujours, à l'égard de ses parens, mineur dans la famille, même lorsqu'il est majeur dans l'État. Le pouvoir paternel s'étend même après la mort de l'homme qui l'exerce, par des dispositions testamentaires, et il se perpétue encore, quoique d'une autre sorte, par le droit d'aînesse, une des plus anciennes lois du monde et des plus généralement pratiquées, et si impolitiquement abolie dans quelques sociétés qui ont mis les droits du fisc avant ceux de la politique, et le bien-être de l'individu qui passe avant la conservation de la société qui demeure.

Le pouvoir paternel est *indépendant* des autres membres de la famille; car, s'il étoit dépendant, il ne seroit pas *pouvoir*.

Il est donc absolu ou *définitif;* car, s'il ne l'étoit pas, il seroit *dépendant*, et il y auroit un pouvoir plus grand que lui, celui de lui désobéir.

Ses fonctions sont de *juger* ce qui est utile ou nuisible à la conservation de la société dont il est le chef; et de *combattre* pour écarter les obstacles qui s'opposent à cette conservation, et l'infertilité de la terre, qui, sans le travail imposé à l'homme, comme première condition de la vie, ne produiroit que des ronces et des épines, et la malveillance des hommes qui voudroient lui ravir le fruit de ses labeurs.

Aussi, le pouvoir domestique, avant tout établissement de pouvoir public, avoit le droit de glaive pour défendre sa société, le *jus vitæ et necis*, attribut essentiel du pouvoir public, et que le pouvoir domestique conserve encore pour sa défense personnelle, même sous l'empire de la société publique, dans les lieux et les momens où il ne peut appeler à sa défense

l'autorité publique. *Ce droit de vie et de mort,*
les anciens peuples l'avoient attribué au pouvoir paternel, même sur les membres de sa
famille (1). L'histoire en offre d'illustres exemples; et l'on peut remarquer que les lois encore n'en punissent pas et en trouvent *excu-*
sable le terrible usage de la part de l'époux,
dans le cas de flagrant délit contre la fidélité
conjugale. (Voyez le *Code pénal.*)

CHAPITRE IV.

CARACTÈRE DU MINISTÈRE DE LA SOCIÉTÉ DOMESTIQUE.

La mère, placée par la nature entre le père
et les enfans, entre le *pouvoir* et le *sujet,* et
par le *moyen* ou le *ministère* de laquelle s'ac-
complit l'action productive et conservatrice,
la mère reçoit de l'un pour transmettre à l'au-

(1) Lorsqu'il naissoit un enfant chez les Romains,
on le mettoit aux pieds du père; s'il le levoit de terre,
l'enfant devoit vivre : d'où est venue l'expression *éle-*
ver un enfant.

tre, obéit à celui-là pour avoir autorité sur celui-ci ; dépendante du pouvoir, indépendante du sujet, et pour pouvoir remplir la double fonction d'obéir et de commander, de recevoir et de transmettre, elle doit être *homogène* à l'un et à l'autre, c'est-à-dire de même nature que l'un et l'autre. Aussi, si elle participe de l'homme par la raison, elle participe de l'enfant, comme l'ont observé tous les physiologistes, par la délicatesse de ses organes, l'irritabilité de ses nerfs, la mobilité de son humeur, et l'on pourroit l'appeler *homme-enfant*. Je prie le lecteur de bien retenir cette proposition, dont il trouvera des applications á d'autres sociétés. Ainsi, si l'on vouloit traduire la constitution de la société domestique en langage mathématique, on pourroit dire : l'homme est à la femme ce que la femme est à l'enfant ; ou le pouvoir est au ministre ce que le ministre est au sujet.

CHAPITRE V.

DU SUJET DANS LA SOCIÉTÉ DOMESTIQUE.

L'enfant, *sujet* de l'action et de la volonté
du père et de la mère, n'a qu'un devoir : celui
d'écouter et d'obéir. Il n'a point de fonctions
qui lui soient propres; mais toutes les fonctions des deux autres personnes de la société
se rapportent à lui, et les travaux du père, et
la sollicitude de la mère, et les soins des serviteurs. Par sa foiblesse même, il est le maître.
« Quel est le plus grand? dit admirablement
» le code de la morale chrétienne, de celui qui
» sert, ou de celui qui est servi? » Et le législateur s'adressant à ses disciples, et dans leur
personne à tous ceux qui ont autorité sur les
autres : « Que celui, leur dit-il, qui veut être
» le plus grand entre vous, ne soit que le ser-
» viteur des autres. » Leçon sublime, qui apprend aux hommes qu'ils ne sont élevés, par
leur rang et leur fortune, au-dessus des autres
que pour les servir; que les honneurs sont des

charges, c'est-à-dire des fardeaux, et elles en portent le nom ; des *offices,* c'est-à-dire des devoirs, *officium;* en un mot, que tout ce qui est grand ne l'est que pour servir tout ce qui est foible et petit, et de là sont venus les mots *servir, service,* employés à désigner, dans les langues des peuples chrétiens seulement, les plus hautes fonctions du ministère public. Nous reviendrons ailleurs sur cette idée.

La société domestique est donc une société de production et de conservation des individus. Nous verrons plus tard que la société publique, appelée aussi État ou gouvernement, est une société de production et de conservation des familles.

Au reste, je n'ai parlé que de la famille agricole et propriétaire, la seule qui soit indépendante, qui puisse ne travailler que pour elle, et n'ait pas besoin pour vivre de vendre son temps et son industrie ; et l'on peut remarquer que, dans les leçons que donne l'Évangile à la société, presque tous les exemples sont pris de la famille agricole.

CHAPITRE VI.

DE L'ÉTAT PUBLIC DE SOCIÉTÉ.

Les familles en se multipliant se rapprochent (1) ; les besoins des hommes sont égaux, les moyens de les satisfaire, ou les forces, sont inégales : et la guerre naît, entre les hommes, de l'égalité des besoins et de l'inégalité des forces. Les premières richesses furent des troupeaux, qui donnoient la nourriture et le vêtement, et il faut, pour vivre en paix, que Jacob se sépare d'Ésaü, et que, dans les immenses plaines de la Mésopotamie, l'un aille à l'Occident et l'autre à l'Orient. Des querelles entre bergers, pour l'usage disputé d'un pâturage, d'un chemin ou d'une fontaine, étoient et sont encore de fréquens sujets de guerre entre les hommes pasteurs ou laboureurs, et sans le pouvoir public, qui prévient la guerre

(1) La population peut doubler tous les vingt ans, même tous les quinze dans un pays vide encore d'habitans.

par ses lois, ou l'empêche par la force dont il dispose, les familles auroient péri, comme les individus périroient sans les soins de la famille.

Il s'éleva donc des pouvoirs publics, et l'on voit dans l'histoire des chefs et des rois aussi-tôt que l'on voit des peuples et des cités.

Quelles furent les causes et l'origine de ces importans établissemens? Comment des familles indépendantes les unes des autres, des hommes jusque-là étrangers les uns aux autres, purent-ils reconnoître des maîtres? Fut-ce l'effet de la force ou le résultat d'un contrat? Ni l'un ni l'autre. L'établissement du pouvoir public ne fut ni volontaire, ni forcé, il fut *nécessaire*, c'est-à-dire, conforme à la nature des êtres en société; et les causes et l'origine en furent toutes naturelles.

Des familles issues les unes des autres, établies sur le même territoire (car la propagation du genre humain ne s'explique pas autrement, et c'est ainsi que se peuplent actuellement les pays récemment habités ou nouvellement découverts), ces familles, disons-nous, ont vu la sûreté de leur vie et de leurs propriétés menacée par un ennemi puissant, par le débordement d'un fleuve, ou par des animaux féroces, et dans le récit des exploits de ses héros fabuleux, la mythologie a conservé des traces de ces évènemens des premiers âges. Un danger commun a réuni toutes ces familles; mais cette foule, sans un conseil et sans une direction, ne pouvoit que fuir, et il falloit combattre. Qu'au milieu de cette troupe consternée, écoutant et rejetant à la fois les conseils contradictoires et les mille moyens de salut imaginés par la peur ou l'incapacité, il s'élève un homme fort en paroles et en actions, qu'il soit écouté, qu'il entraîne la multitude dans son avis, *voilà le pouvoir;* que les hommes après lui les plus habiles et les plus courageux se joignent à lui pour l'aider de leurs conseils, et agir sous ses ordres et par sa direction, *voilà les ministres du pouvoir;* que le reste, sous la protection de leur intelligence et de leur courage, serve à l'action du pouvoir en portant des vivres, des armes, des matériaux, selon qu'il faut combattre ou travailler, *voilà les sujets.* Voilà, non l'ébauche et les élémens de la société; mais le complément même de la société relatif aux temps, aux lieux et aux hommes. *Voilà toute la constitution* de la société; et dans toute société, même à son dernier âge, nous ne trouverons ni d'autres personnes, ni d'autres rapports entre elles, ni d'autres fonctions. César, dans ses *Commentaires*, donne la même origine au pouvoir public dans les sociétés celtiques, dont il décrit les mœurs et les coutumes. « Lorsque, » dit-il, quelqu'un d'entre les premiers se pro- » pose lui-même pour commander l'expédi- » tion, et demande qui veut le suivre, ceux » qui approuvent l'entreprise et le choix du » chef, se lèvent et promettent leurs secours, » et la multitude applaudit. » *Atque ubi in concilio quis ex principibus se dixit ducem fore, ut qui sequi velint profiteantur, consurgunt ii qui et causam et hominem probant, suumque auxilium pollicentur atque ab multitudine collaudantur.*

Ainsi, dans cet exemple, nous voyons la volonté et l'action du *pouvoir*, la coopération des aides ou *ministres* pour l'utilité du *sujet* : nous y retrouvons l'élément de toutes les institutions, dépendances nécessaires de tout établissement public de société, et que le temps développe jusqu'à la civilisation la plus avancée (1).

(1) Il n'arrive pas un accident dans les rues de nos cités populeuses, un accident qui rassemble la foule, sans qu'on n'y trouve une image de cette formation

Ainsi, ces secours ou services de toute espèce en vivres, en armes, en matériaux, que le reste de la peuplade fournissoit à ceux qui devoient travailler ou combattre pour repousser le danger commun, représentent fidèlement l'impôt établi dans toutes les sociétés pour l'utilité commune. Les combattans, compagnons du chef, se contentèrent sans doute de payer de leurs personnes, et l'on aperçoit encore dans cet exemple la raison des privilèges ou exemptions pécuniaires accordés autrefois à quelques classes de citoyens dévoués au service public. « Les terres nobles, » dit Montesquieu, doivent avoir des privi- » lèges comme les personnes. »

Ainsi le chef, dans l'intérêt commun, auroit contraint celui qui auroit refusé d'aider à repousser le péril dont on étoit menacé, et il auroit traité en ennemi celui qui, loin d'aider à écarter le danger, auroit trahi les intérêts de

fortuite de la société, et qu'il s'y montre quelque homme plus intelligent, plus hardi ou plus fort que les autres pour réparer le mal ou en prévenir les suites, et des hommes pour l'aider. On le remarque jusque dans les jeux des enfans, parmi lesquels il se trouve toujours un petit pouvoir pour commander et diriger. La nature se retrouve partout.

la peuplade, et troublé ses mesures de défense et de salut; et voilà encore le fondement de la juridiction criminelle, et du pouvoir de coaction et de répression que le pouvoir exerce sur les membres délinquans de la société. Citons encore César : « Ceux qui ont refusé de suivre » les guerriers sont regardés comme des déser- » teurs et des traîtres, et ils sont à jamais ex- » clus des conseils et de tous les avantages de » la communauté. » *Qui ex iis secuti non sunt in desertorum et proditorum numero ducuntur, omniumque rerum in postea fides abrogatur.*

La société, même la plus avancée, n'est pas autre chose; et remarquez que cette aggrégation fortuite de familles, sans conseils et sans direction, disposée à fuir plutôt qu'à combattre, n'a pu être formée en société qu'après avoir trouvé dans le *pouvoir* et ses *ministres* volonté et action, conseil et direction, et que par conséquent le *pouvoir* et ses *ministres* ont précédé les *sujets* en tant que sujets, et d'une foule confuse fait une société régulière et ordonnée pour une fin quelconque, comme le père et la mère précèdent l'enfant, le produisent, et forment une société domestique, ordonnée aussi pour des fins de conservation.

Ainsi les sujets, en tant que sujets, procèdent du pouvoir et de ses ministres, de même que l'enfant procède du père et de la mère. Bossuet dit la même chose dans ses *Avertissemens*.

Ainsi le pouvoir, en se montrant, a distingué et classé toutes les *personnes* et toutes les fonctions, comme le soleil en s'élevant à l'horizon crée en quelque sorte pour nos yeux, et nous fait distinguer tous les objets.

Aussi telle est la similitude ou plutôt l'identité de tout temps reconnue, entre la société domestique et la société publique, que, dès la plus haute antiquité, les rois ont été appelés les *pères* des peuples; qu'encore aujourd'hui, dans quelques langues modernes, ils sont appelés *sire,* qui en anglais veut dire *père,* (et en Russie on appelle *mère* l'impératrice); que dans nos livres saints, dépositaires de toutes les vérités, même politiques, tout pouvoir est appelé une *paternité,* et que les nations elles-mêmes y sont appelées de grandes familles, *familiæ gentium.*

Aussi les premiers rois conservèrent-ils tous les caractères du père de famille. Il y eut en Égypte des dynasties de rois-pasteurs; les trônes dans l'Orient furent et sont encore le lit où le vieillard reposoit ses membres fatigués (1) ; le sceptre étoit le bâton qui affermissoit ses pas chancelans, et le diadème le bandeau qui couvroit son front dégarni.

Y a-t-il dans cette origine naturelle, et on peut dire historique du pouvoir public, la plus légère trace de souveraineté populaire, et le peuple qui, comme dit Montesquieu, « a toujours trop ou trop peu d'action, avec cent » mille bras quelquefois renverse tout, et avec » cent mille pieds ne va que comme un insecte ; » le peuple n'a-t-il pas été trop heureux d'obéir à qui a su diriger son action et régler ses mouvemens ? Veut-on qu'il ait appelé lui-même celui qui devoit le sauver ? Mais alors cet homme s'étoit fait connoître à lui par des qualités qui avoient subjugué son admiration, et ne lui avoit plus laissé la liberté du choix. C'étoit un pouvoir secrètement conçu dans la société, et qui attendoit le moment d'éclore, comme dans nos sociétés l'enfant-roi encore dans le sein de sa mère.

Dira-t-on que, dans l'exemple que nous avons cité, le peuple eût pu ne pas obéir ? Non ;

____

(1) Nous appellions en France *lit de justice* la circonstance où le pouvoir royal se montroit avec le plus d'éclat.

car il n'est pas dans la nature de l'homme, moins encore dans celle d'un peuple, qu'il refuse les moyens de salut qui lui sont offerts, quand le soin de sa propre conservation, la première de toutes les nécessités, lui en fait sentir le besoin, et que sa raison en approuve les moyens.

Certes, nous avons sous les yeux un exemple mémorable de la formation d'une société par l'élévation spontanée du pouvoir. Quand Bonaparte a paru, la France n'étoit plus une société ; mais est-ce le peuple français, est-ce le directoire, est-ce le conseil des cinq-cents ou celui des anciens, est-ce même l'armée qui a nommé cet homme pour finir les malheurs et la honte de l'anarchie conventionnelle et directoriale ? N'est-ce pas lui, et lui seul, qui s'est nommé lui-même premier consul, consul à vie, empereur, roi d'un pays, protecteur d'un autre, et partout le maître sous divers noms ? Prendroit-on pour un *contrat social* la ridicule comédie de ces listes ouvertes où s'inscrivoient la peur ou l'ambition, et que rejetoit la fidélité ? Et, si la légitimité, la première puissance de toutes dans les nations chrétiennes, ne se fût montrée, le pouvoir n'auroit-il pas passé à la famille du conquérant ?

Si la nécessité de repousser un ennemi extérieur a pu donner naissance au pouvoir public, la nécessité, tout aussi urgente, de réprimer l'ennemi intérieur et d'assurer contre les passions la tranquillité de la cité et le repos des familles, a dû aussi le produire. Aussi nous trouvons, dès la plus haute antiquité, des rois ou chefs législateurs, comme nous y avons trouvé des rois guerriers et des héros vainqueurs de monstres. Que les rois se soient élevés dans les sociétés naissantes par la profondeur de leur raison ou la hauteur de leur courage, est-ce au peuple, ou n'est-ce pas à la nature, ou plutôt à son auteur, qui a départi à quelques hommes les qualités d'esprit et de cœur qui les ont rendus propres à commander à leurs semblables, que l'honneur doit en être rapporté? Et les premiers peuples eux-mêmes ne sont-ils pas tout-à-fait entrés dans cette pensée, quand ils ont fait leurs premiers rois enfans des dieux? Et n'ont-ils pas, comme les enfans de la famille, obéi à l'ordre d'*honorer le père et la mère,* ce que tous les commentateurs, et entr'autres Bossuet, entendent des pouvoirs et magistrats publics comme des pouvoirs de la famille, et de la paternité publique comme de la paternité domestique?

Il y a peu de jugement aussi à faire dériver la formation d'une société du droit de conquête; car la conquête suppose un état antérieur de société, une société armée, et par conséquent un pouvoir, et des officiers ou ministres qui en commandent ou dirigent les mouvemens vers une fin commune, un pouvoir déjà établi et reconnu. La conquête n'est donc pas une formation de société nouvelle, mais une extension de société déjà formée, extension qui peut être *légitime* dans son principe ou *légitimée* par sa durée.

La formation de la société publique n'a été, je le répète, ni volontaire ni forcée, elle a été NÉCESSAIRE.

Et sans cette nécessité, à prendre cette expression dans son acception philosophique, comment seroit tombée dans l'esprit d'hommes, naturellement indépendans, la plus inconcevable de toutes les idées et la plus répugnante à la nature de l'homme, l'idée de sujétion à son semblable? Le système d'un *contrat social* entre les peuples et les rois, ce contrat qui suppose une délibération *à priori*, pour sacrifier, sans nécessité urgente et démontrée, sa liberté et sa volonté à la volonté d'un autre, n'a pu naître que dans des esprits sans jugement et des ames sans élévation ; et, loin que les hommes aient pu ainsi à l'avance, et pour la satisfaction de l'un d'entre eux, se donner un maître à telle ou telle condition, trop heureux dans des périls urgens de trouver un sauveur, ils ont accepté de sa part, avec reconnoissance, toutes les conditions qu'il leur a imposées dans leur intérêt.

Ainsi nous avons trouvé dans l'état public ou politique de la société à sa naissance les trois *personnes* sociales que nous avons trouvées dans la société domestique. Nous les trouverons dans les sociétés politiques les plus avancées, sous divers noms de noblesse, d'officiers publics, de magistrats, de guerriers, etc. (1).

Ainsi les trois personnes et la place qu'elles occupent, et les fonctions qu'elles exercent, et les rapports qui les unissent, forment toute la constitution ou le *tempérament* de la société, bien différente de l'administration qui n'en est que le *régime;* d'où vient que, pour la société

____

(1) Dans les langues du Nord, le pouvoir est exprimé à découvert; car les mots *Kœnig, King, Kan,* etc., qui expriment la royauté, ont tous pour racine le verbe germanique ou scytique *Kœnnen,* qui veut dire *pouvoir* à l'infinitif. (LEIBNITZ.)

comme pour l'homme, le régime doit être plus sévère à mesure que la constitution est plus foible, c'est-à-dire qu'il faut une administration plus concentrée ou plus monarchique, à mesure que la constitution ou le pouvoir est plus démocratique ou plus dispersé.

Ainsi nous pouvons soutenir déjà que (1) si l'état domestique de société produit et conserve les individus, parce que le *pouvoir,* le *ministre,* le *sujet,* n'y sont que des individus, l'état public ou politique multiplie et conserve les familles, parce que, dans les sociétés politiques à leurs derniers développemens, le *pouvoir* et les *ministres* tendent toujours et partout à devenir des familles, c'est-à-dire, à se rendre héréditaires.

Nulle part que dans la fabuleuse Arcadie, on n'a vu un certain nombre de familles placées sur le même sol, subsister sans lien commun et moyen d'ordre intérieur et de défense extérieure, c'est-à-dire, sans un pouvoir public; à moins qu'elles ne fussent, comme les missions du Paraguay, soumises à des institutions religieuses, qui y étoient un *pouvoir,* et

(1) Je crois devoir prévenir que l'état domestique n'est pas l'état de domesticité, mais la vie en famille, *à domo.*

le plus respecté de tous, mais qui cependant n'auroit pas à la longue pu maintenir tout seul l'ordre et la sûreté de l'État, dans un pays plus étendu et moins isolé.

Nous avons sous les yeux l'exemple de peuplades sauvages, qui, pour n'avoir pu sortir de l'état domestique, vivent ou plutôt végètent dans la barbarie et la foiblesse, et finissent, un peu plus tôt un peu plus tard, par une dépopulation progressive, ou une extermination totale.

Nous allons reprendre les principaux caractères des *personnes* sociales ; mais nous ne pouvons, en les développant et les appliquant à l'état public de société, que répéter ce que nous en avons dit en traitant de l'État domestique. Le lecteur pardonnera ces répétitions en faveur de l'importance de la matière.

Nous prendrons nos exemples et nos termes de comparaison dans la société où toutes les institutions politiques s'étoient le plus développées, en France. Ces institutions ne sont plus ; mais, s'il ne nous est plus permis de les présenter comme des modèles, nous pouvons les étudier comme des monumens. Tel le voyageur, voyant à ses pieds les ruines imposantes des temple de Memphis ou de Palmyre, en considère avec étonnement les magnifiques débris.

CHAPITRE VII.

DU POUVOIR PUBLIC OU POLITIQUE.

La première condition du pouvoir est d'être *un;* et le pouvoir n'est entre les hommes un si grand sujet de division, que parce qu'il ne peut pas être un objet de partage. C'est la tunique sans couture qui ne peut être divisée et se tire au sort, et *toujours entre les soldats.*

Le pouvoir doit donc être *un*, et il est, comme nous le verrons, toujours *un*, malgré des apparences contraires ; car la politique a, comme l'astronomie, ses mouvemens réels et ses mouvemens apparens.

Les fonctions du pouvoir peuvent être multiples, suivant que son action s'applique à divers objets; mais son essence est d'être *un;* car deux pouvoirs répondroient à deux sociétés, et de là vient que, partout où le pouvoir est divisé, il se forme des partis qui sont plusieurs sociétés dans le même État; et le grand maître en morale ne nous dit-il pas : « Que tout pouvoir divisé en lui-même sera désolé? »

Le pouvoir est essentiellement *indépendant;* car un pouvoir *dépendant* de quelque autre n'est plus un pouvoir.

Summum esse, dit Hobbes, *et aliis subjici, contradictoria sunt.*

« Être le premier et le plus haut, et être sou-» mis à quelque autre, implique contradiction.»

« Il faut, dit le célèbre Kant, que celui qui » devra limiter le pouvoir ait un pouvoir plus » grand ou du moins égal à celui qui est limité; » mais alors c'est le dernier et non le premier » qui a l'autorité suprême, ce qui implique » contradiction. »

Le pouvoir public ne peut être *indépendant,* sans être *propriétaire* dans le sol; car, sans propriétés territoriales, il n'y a pas d'indépendance politique, puisque toute autre richesse, immobilière ou commerciale, dépend des hommes et des évènemens.

Le pouvoir est *définitif,* car un pouvoir qui ne peut *définitivement* exiger l'obéissance n'est pas *indépendant,* n'est pas le *pouvoir,* puisqu'il y a un pouvoir plus grand que lui, celui de lui désobéir.

C'est ce pouvoir définitif que des hommes ignorans ou perfides ont voulu rendre odieux en l'appelant *absolu,* et le confondant avec le pouvoir arbitraire, qui est le moins indépendant, le moins définitif, le moins absolu de tous les pouvoirs, puisque sa volonté est sans règle et son action sans direction, et qu'il est le jouet de ses propres violences, en attendant d'être la victime de ceux qu'il opprime.

Il est bon d'observer que l'Académie française, dans les premières éditions de son *Dictionnaire*, avoit fait *absolu* synonyme *d'arbitraire;* dans les dernières, elle les a distingués, et depuis que la langue politique a été mieux faite, il n'est permis qu'à des ignorans en grammaire comme en politique, ou à des factieux, de les confondre. Un philosophe qui fait autorité aujourd'hui pour beaucoup de gens, M. Victor Cousin, a dit, dans ses *Fragmens philosophiques,* page 153 : « *Le contraire* » *de l'arbitraire,* logiquement et grammatica- » lement parlant, c'est l'absolu. »

Bossuet définit le pouvoir absolu ou définitif : « celui où un seul agit, mais par des » lois fondamentales contre lesquelles tout ce » qu'on fait est nul de soi. » Et la plus fondamentale de ces lois est que le pouvoir n'agira pas sans conseil ou sans remontrances qui sont tôt ou tard écoutées. Montesquieu définit le pouvoir arbitraire : « celui où un seul entraîne

» tout par sa volonté ou par ses caprices »; mais il avoue lui-même qu'il n'y a pas de pouvoir, pour si absolu qu'il soit, qui ne soit borné par quelque endroit. Ce pouvoir, qui entraîne tout s'il n'est pas, comme en Turquie, borné par la religion, est entraîné lui-même par des révoltes de prétoriens et de janissaires.

Ce n'est pas le pouvoir absolu qui pèse sur les peuples : c'est l'obéissance absolue. Le pouvoir est la théorie, et l'obéissance l'application. L'un est une abstraction dont les peuples ne s'occupent même pas, l'autre est un fait ; et je ne crains pas de soutenir que jamais le pouvoir absolu de nos rois n'auroit osé demander aux peuples ce qu'en a obtenu le pouvoir constitutionnel du monarque armé de deux chambres.

La religion chrétienne et les mœurs qu'elle avoit formées étoient un frein doux et puissant aux abus ou aux erreurs du pouvoir (cette réflexion est de Montesquieu), et ce n'est que dans le pays où l'on a prétendu la réformer que l'on a vu surgir, dans la personne de Henri VIII, le pouvoir le plus arbitraire, le plus cruel et le plus insensé dont le monde eût entendu parler depuis les Commode et les Héliogabale.

Le pouvoir partout est *définitif,* ou il n'est pas un pouvoir. Ainsi, dans l'ordre domestique, le pouvoir du père sur ses enfans, du maître sur ses serviteurs, du chef d'atelier sur ses ouvriers ; ainsi, dans l'état politique, les arrêts des cours de justice, les ordres des chefs militaires, les décrets des assemblées législatives, sont chacun dans leur sphère des pouvoirs définitifs ou absolus, et plus absolus si le pouvoir est collectif ; et, si tous ces pouvoirs ne pouvoient pas exiger l'obéissance, toute société domestique ou politique, même toute association d'intérêts, seroit impossible.

Le pouvoir est essentiellement *actif,* puisqu'en lui réside la volonté générale, principe de toute action politique.

Le pouvoir doit être *perpétuel;* car la mort ou la suspension du pouvoir seroit la fin de la société, puisqu'une société sans pouvoir n'est plus une société. Aussi, les rois *ne meurent pas* dans nos monarchies héréditaires.

Le pouvoir, par conséquent, doit être continuellement et *réellement présent* à la société, pour en régler le mouvement et en diriger l'action ; car, comme la société ne peut exister sans pouvoir, l'absence du pouvoir législateur et régulateur livre la société au désordre, et finit par l'usurpation, qui ramène une société, mais *négative;* c'est-à-dire, qu'au lieu de *pouvoir,* de *ministre,* de *sujets,* il y a un *despote,* des *satellites* et des *esclaves.*

Des publicistes ont, dans ce siècle, distingué deux autres pouvoirs, le pouvoir exécutif, et le pouvoir judiciaire. L'essence du pouvoir est d'être législateur, et celui-là ne se délègue pas; mais son action administrative, son action judiciaire, sont des fonctions qu'il délègue en s'en réservant la suprême direction; ceux à qui il les délègue ne sont pas des *pouvoirs,* mais des *autorités,* puisqu'ils ont besoin d'être *autorisés* à les remplir.

Comme nous avons dit que le pouvoir étoit volonté et action, vouloir et faire, *velle et facere,* ces deux attributs du pouvoir répondent aux deux parties, *intelligence et organes,* dont l'homme est composé. A l'intelligence appartient la volonté, aux organes appartient l'exécution ou l'action.

Le pouvoir a donc deux fonctions éminentes : celle de *juger* tout ce qui peut éclairer sa volonté, celle de *combattre* tout ce qui peut faire obstacle à son action.

Dans les sociétés primitives, ces deux fonctions du pouvoir de *juger* et de *combattre* étoient remplies par les rois eux-mêmes plus littéralement que dans nos sociétés populeuses, où les rois ont été obligés de les déléguer.

Les premiers rois jugeoient eux-mêmes les différends qui s'élevoient entre leurs sujets, et combattoient toujours à la tête de leurs armées; et, plus d'une fois, le combat singulier de deux rois a décidé du sort de deux nations.

Aujourd'hui, les rois *jugent* en donnant des lois, en instituant des juges, et *combattent* par leurs généraux et leurs armées.

Ces deux fonctions, de *juger* et de *combattre,* se retrouvent partout où il y a un commencement de société, et jusque dans les peuplades sauvages, où les vieillards rendent la justice et les jeunes prennent les armes; et déjà, chez les Germains, ces derniers étoient distingués en chefs, *duces,* ou compagnons du prince, *comites,* d'où nous sont venus les titres modernes de ducs et de comtes.

Tous les caractères que nous avons assignés au pouvoir domestique conviennent donc aussi au pouvoir public. Ils sont les mêmes pour le pouvoir divin, en qui résident, mais dans un degré infini, l'unité, l'indépendance, la force, l'activité, la perpétuité, etc.

CHAPITRE VIII.

CARACTÈRE DU MINISTÈRE DE LA SOCIÉTÉ PUBLIQUE.

Le pouvoir domestique agit pour la production et la conservation de ses *sujets*, qui sont ses enfans, par le *moyen* ou le *ministère* de la mère (expression absolument identique, sauf toutefois que *moyen* peut se dire de tous les êtres, même des êtres physiques, au lieu que *ministère* ne peut se dire que des êtres intelligens.

Ainsi, le pouvoir public agit pour la production et la conservation de ses sujets par le *moyen* ou le *ministère* de ses agens, noblesse, magistrats, guerriers, fonctionnaires, etc., qui maintiennent l'ordre dans l'État, le défendent contre l'étranger, protègent les familles, jugent et apaisent leurs différends, et contribuent ainsi à accroître et à conserver la population.

Qu'on ne s'étonne pas de ce rapprochement entre la société domestique et la société publique; car, de même que sans le père et la mère il n'y auroit pas de famille et de sujets dans la société domestique, ainsi nous avons vu que, sans pouvoir public et sans ministres, il n'y auroit pas de société, par conséquent pas de sujets; mais une foule sans conseil et sans direction qui ne pourroit que se détruire elle-même, si elle n'étoit pas détruite par des causes étrangères.

Le ministère, que, considéré en corps ou en *ordre*, on appeloit dans l'Europe chrétienne la noblesse, a suivi en France toutes les phases du pouvoir; viager tant que le pouvoir lui-même a été viager et que la succession héréditaire n'a pas été réglée, et de là vient qu'on n'aperçoit pas de noblesse proprement dite sous les premières races de nos rois; plus fixe à mesure que la succession héréditaire au pouvoir a été plus régulière et mieux affermie; héréditaire enfin quand le pouvoir est devenu définitivement héréditaire, parce que, ainsi que nous l'avons dit, le ministère doit être partout *homogène* au pouvoir.

« Dans les gouvernemens grossiers des so-» ciétés primitives, » dit M. de Condorcet, dont la philosophie ne rejettera pas l'autorité, » on trouve *presque générale* l'hérédité des

» chefs et des rois, ainsi que la prérogative
» *usurpée* par d'autres chefs inférieurs de par-
» tager seuls l'autorité politique, d'exercer les
» fonctions du gouvernement et de la magis-
» trature. »

C'est là l'origine de la noblesse; et ce que Condorcet appelle *usurpation* étoit un besoin ou plutôt une nécessité de la société où les rois ou chefs ne pouvoient tout seuls gouverner, c'est-à-dire, *juger* et *combattre*. L'origine de la féodalité n'a pas été particulière à nos climats; mais elle se trouve presque sur tout le globe aux mêmes époques, partout la propriété ou l'usufruit de la propriété donné à condition de défendre l'État, et sous l'obligation du service militaire.

Le pouvoir, avons-nous dit, doit être *un*, parce que la volonté est simple et ne peut être divisée; mais, comme son action peut être appliquée à un grand nombre d'objets, ses agens ou ministres sont *plusieurs*, et les sujets, *tous*.

Le ministre doit être indépendant du sujet; mais dépendant du pouvoir, et même plus dépendant que le sujet, puisqu'il est *sujet* lui-même, et de plus *subalterne* et soumis à des devoirs spéciaux; et c'est avec raison que Terrasson a dit, « que la subordination étoit plus

» marquée dans les premiers rangs que dans
» les derniers. »

Le ministre doit donc être, comme le pouvoir, propriétaire dans le sol ; car sans propriété territoriale il n'y a pas d'indépendance politique.

Le pouvoir, avons-nous dit, doit être *définitif* ou absolu, et il l'est même toujours et partout, et plus absolu s'il est collectif. Son action exercée par ses ministres doit donc être définitive ; et les arrêts des cours de justice rendus de par le pouvoir de l'État, et les commandemens des chefs militaires donnés en son nom, et revêtus de son autorité, doivent être obéis.

Le pouvoir est essentiellement actif, les ministres seront à la fois actifs et passifs ; passifs à l'égard du pouvoir dont ils prennent les ordres, actifs à l'égard des sujets auxquels ils les transmettent : ils ne sont pas *pouvoir*, ils sont *autorité ;* ils reçoivent du pouvoir pour transmettre au sujet, ils sont intermédiaires, moyen, *medius* entre l'un et l'autre, et ils doivent être homogènes ou de même nature que le pouvoir et le sujet, pour que le pouvoir puisse agir sur eux et qu'ils puissent agir sur le sujet : ils participent donc du pouvoir et du sujet, et c'est de cette participation réelle au pouvoir royal qu'est venu l'usage des *couronnes* que la noblesse portoit dans ses armoiries.

Les fonctions essentielles du pouvoir sont, avons-nous dit, de *juger* et de *combattre*. Les fonctions subordonnées des ministres ou agens répondent à ces deux fonctions du pouvoir. Au ministre appartient le *conseil* pour éclairer le jugement du pouvoir, et le *service* pour seconder son action : ces deux fonctions, *conseil* et *service*, ont été long-temps remplies en France par les mêmes personnes ; depuis, et à cause de la multiplicité des affaires, elles ont été divisées ; le conseil ou la remontrance appartenoit à la noblesse sénatoriale ou à la magistrature ; le *service*, à la noblesse militaire ; et cependant l'ancienne pairie, siégeant dans la cour souveraine et remplissant de hauts emplois militaires, représentoit l'ancien temps, et avoit retenu ces deux fonctions.

Je répéterai ici, comme une vérité du premier ordre et comme la preuve que tout ce qui existoit dans nos sociétés de noble obéissance et de véritable liberté nous venoit de *la religion chrétienne*, que les mots *servir* et *service*, employés pour désigner les plus hautes fonctions, celles qui ont commandement, ont passé de l'Évangile dans toutes les langues des peuples chrétiens; le divin législateur dit à ses disciples, qui se disputoient les premières places : « Que le plus grand d'entre vous ne soit que » le serviteur des autres. » Et c'est pour obéir à cette noble et touchante leçon, que le premier pouvoir de la chrétienté s'intitule SERVITEUR DES SERVITEURS DE DIEU, et c'est son plus beau titre.

CHAPITRE IX.

DU SUJET DANS LA SOCIÉTÉ PUBLIQUE.

Comme tout se fait dans la société publique pour l'utilité des sujets, ils n'y ont proprement rien à faire. C'est pour eux, en effet, que le pouvoir fait des lois, que les magistrats jugent, que les guerriers combattent, que les prêtres instruisent, etc. etc. Les sujets n'ont de pouvoir et de fonctions que dans la société domestique, petit État où ils sont rois, où ils sont ministres; et leur devoir comme leur intérêt est d'y maintenir l'ordre et la paix, de veiller sur leurs familles, d'en accroître la considération par leurs vertus, et la fortune par leur travail ; et c'est d'eux que l'on pourroit dire avec vérité :

O fortunatos nimium, sua si bona nôrint!

Les sujets, dans la convocation générale de tous les ordres de l'Etat, appelée *États-généraux*, avoient pris la dénomination de *tiers-état*, mot que les ignorans ont cru une injure, ce qui étoit synonyme de *troisième ordre de* l'État.

« Qu'est-ce que le tiers-état? » demandoit l'abbé Sieyès aux premiers jours de la révolution. Il répondit, je pense, que c'étoit là partie de la nation la plus nombreuse, la plus forte, la plus laborieuse, la plus industrieuse, et sans doute la plus éclairée en politique, puisqu'elle comprenoit les avocats, les médecins, les fabricans et les négocians. Avec d'autres principes politiques et plus de jugement, il auroit répondu que le tiers-état étoit la partie de la nation qui, n'étant pas encore sortie de l'état domestique de société, par lequel ont commencé plus tôt ou plus tard toutes les familles, même les familles royales (1), travail-

(1) Comme l'a dit Coulanges :

« L'un a dételé le matin,
» L'autre l'après-dînée. »

loit pour arriver à l'état public, et prendre rang parmi les familles dévouées au service politique, tendance naturelle, car toute famille tend et doit tendre à s'élever.

Cette ambition honorable, la monarchie, où tout alloit régulièrement et sans secousse (car la nature, dit Leibnitz, ne fait jamais de sauts), l'avoit inspirée aux familles, et même souvent elles y parvenoient trop tôt et avant d'avoir acquis une fortune qui leur permet de servir l'État, comme le dit Montesquieu, avec le revenu ou même le capital de leur bien.

La démocratie, où tout va par sauts et par bonds, a soufflé cette ambition dans le cœur de tous les individus, et à mis a découvert, pour le malheur du plus grand nombre, ce résultat inévitable dans une société populeuse, que, sur tant d'admissibles, il ne peut y avoir que très-peu d'admis.

Cependant la monarchie n'excluoit aucun individu même des plus hauts emplois. « La » constitution du royaume de France est si » excellente, dit le président Hénaut, d'après » un ancien auteur, qu'elle n'a jamais exclu et » n'excluera jamais les citoyens nés dans le » plus bas étage, des dignités les plus rele-

vées (1). » Mais, si les exemples de ces éléva-
tions étoient rares, c'est que les hommes nés
pour s'élever ainsi et franchir de si grands in-
tervalles, sont encore plus rares que les exemples. La révolution cependant en a fourni un
grand nombre, mais Mme de Staël remarque
que c'est presque uniquement dans la carrière
militaire, et elle en donne une raison, que je
m'abstiens de répéter.

Un des plus grands maux qu'aie fait à l'État
et à la famille la révolution, a été d'inspirer
l'ambition des places et des honneurs, disons
mieux, la fureur de sortir de leur condition, à
une foule d'individus, heureux jusque-là dans
la vie privée, tourmentés aujourd'hui par des
désirs, que la loi d'admissibilité générale ne
leur donne ni les moyens ni l'occasion de satisfaire, et d'avoir ainsi encombré toutes les

(1) » Du sein de ce *tiers-état*, si avili, si opprimé, si
» méprisé, dit-on, sont sorties, dans l'espace d'un
» siècle, quinze familles honorées de la pairie (an-
» cienne) à laquelle n'ont point été élevées tant d'au-
» tres familles dont l'antique éclat remonte aux pre-
» miers temps de la monarchie, et qui ont mêlé leur
» sang avec celui de nos rois : » *Du Gouvernement, des*
mœurs et des conditions en France avant la révolution;
par M. Sénac de Meilhan, ancien intendant de Valen-
ciennes; chez Maradan, libraire.

carrières de médiocrités mécontentes, inutiles à leurs familles, à charge à l'État, qui ne peut cependant laisser sans moyens de subsistance ce nombre immense de jeunes gens à qui l'éducation des arts et des lettres qu'ils ont reçue, et presque toujours aux frais du public, ne permet plus de reprendre les travaux utiles et lucratifs de la maison paternelle. Aujourd'hui que les particuliers ne sont plus assez riches ou assez généreux pour payer les chefs-d'œuvre des arts, l'État, pour faire vivre les artistes, commande des tableaux aux uns, des modèles en plâtre aux autres, des projets de monumens d'architecture qu'on n'exécutera jamais, et se ruine ainsi pour faire éclore des talens malgré la nature, comme on fait venir en serre chaude des fruits qui n'ont ni couleur ni saveur. Les écoles ont tué ces études solitaires que fait le génie, et qui le font à leur tour.

Sans doute, pour en revenir au *tiers-état*, l'État est plus que la famille, et la profession de magistrat ou de guerrier, plus honorable que celle d'artisan, même d'avocat ou de médecin, parce qu'il y a plus de dignité à servir le public que le particulier. Mais le tiers-état en corps, ou, comme l'on disoit alors, *l'ordre du tiers-état*, dans la convocation des trois

sociétés, la société religieuse, la société politique, la société domestique, qui composent
l'État tout entier, étoit autant élevé en dignité
politique que chacun des deux autres *ordres*,
et son consentement étoit aussi nécessaire que
le leur pour former les résolutions de l'assemblée des États généraux.

Il faut même remarquer que le premier
corps (je ne dis pas le premier ordre) de l'État
politique, la magistrature souveraine, et la première dignité du royaume, celle de chancelier,
appartenoient au tiers-état, quoique ceux qui
en étoient revêtus pussent, de leurs personnes,
appartenir aux autres *ordres*.

Les partisans vaniteux d'une égalité chimé-
rique se sont offensés de quelques distinctions
d'étiquette et de costume entre les *ordres*; ils
n'ont pas compris que, si l'égalité personnelle
consiste à être *actuellement* aussi fort d'esprit
et de corps que tout autre, l'égalité politique
ne peut être qu'*éventuelle*, c'est-à-dire qu'elle
consiste à *pouvoir*, selon ses dispositions naturelles ou acquises, être dans l'État autant que
tout autre, et que la liberté politique dont on
fait tant de bruit, n'est autre chose que la liberté pleine et entière de se servir, pour parvenir, de toutes ses facultés. Il n'y a pas d'au-

tres libertés publiques, et les sujétions, et les contraintes du jury et de la conscription, et même la licence de la presse, fussent-elles des nécessités, ne sont pas des libertés.

Il faut, en terminant ce chapitre, remarquer qu'autrefois, en France, si la noblesse appartenoit à la constitution comme ministère du pouvoir royal, l'administration appartenoit au tiers-état; et c'est là que la partie démocratique de l'État est bien placée. Quand la monarchie pure est dans la constitution, la démocratie peut et doit être dans l'administration; et en France les municipalités, les assemblées provinciales, même les pays d'États avec leurs *comtes* et leurs *barons*, étoient et faisoient de la démocratie, mais sans danger, contenue qu'elle étoit par la force de la constitution. Si, au contraire, il y a de la démocratie dans la constitution, il faut placer la monarchie dans l'administration; car il y auroit trop de démocratie, si elle étoit à la fois dans l'une et dans l'autre. De là est venue la grande autorité des maires dans toutes les révolutions. Aujourd'hui, qu'il y a de la démocratie dans notre constitution, la force des choses a placé la monarchie dans l'administration, et cette *concentration* administrative, dont on se plaint depuis long-temps avec plus de chaleur que de raison, n'est pas autre chose que le *monarchisme* de l'administration. Il est possible que le positif de cette administration monarchique pesât sur le particulier, bien plus que ne le feroient les principes théoriques de la constitution dont il ne s'occupe guère ; mais l'État ne résisteroit pas à la double action d'une législation démocratique et d'une administration populaire, si toutefois cette combinaison, qui nulle part n'a existé, pouvoit jamais se réaliser. Jamais, en France, l'administration n'a été plus despotique que lorsque la constitution a été, sous la Convention, plus démocratique.

CHAPITRE X.

DES DIFFÉRENTES ESPÈCES DE SOCIÉTÉS POLITIQUES.

Nous avons vu que la famille peut être monogame ou polygame ; la société politique peut être aussi monocratique ou polycratique, c'est-à-dire, monarchique ou populaire.

Il y a trois sortes de monarchies : la monarchie royale, la monarchie despotique et la monarchie élective.

Dans la monarchie royale, les trois personnes qui forment, comme nous l'avons dit, toute la constitution de la société et son tempéramment politique, sont distinctes et homogènes.

Le pouvoir, en France, étoit héréditaire par ordre de primogéniture, de mâle en mâle, à l'exclusion des femmes, et l'on n'a qu'à jeter les yeux sur des États voisins pour voir les troubles qu'y a produits un ordre différent de succession.

Le ministère, sous le nom de noblesse, étoit aussi héréditaire, et même, dans la plus grande partie des coutumes, les fiefs qui obligeoient au service militaire étoient masculins et appartenoient à l'aîné.

Le sujet participoit de cette hérédité, et dans aucun autre État, il n'avoit une sécurité plus entière pour la possession et la transmission héréditaire de ses propriétés.

Le pouvoir, en France, étoit indépendant et définitif, tout entier entre les mains du roi, mais du roi en son conseil. Il avoit le *jugement* par les officiers de magistrature qu'il instituoit, et le *combat* ou la suprême direction de la paix ou de la guerre, par ses autres officiers. La noblesse, ou le ministère, avoit donc le *conseil,* ou droit de remontrance, et il étoit tenu, actuellement ou éventuellement, au *service* militaire. Le *conseil* et le *service* avoient été séparés, comme nous l'avons dit, et avoient formé deux *ordres* de noblesse, noblesse de robe et noblesse d'épée. Toute division dans un *ordre* est un mal, et celui-là se faisoit sentir depuis long-temps. Cependant, cette division, que l'étiquette de la cour contribuoit à entretenir, tendoit à s'effacer, et souvent, dans les mêmes familles, l'aîné étoit membre d'une cour souveraine de magistrature, et les puînés étoient dans la milice et même dans les plus hauts emplois.

La noblesse, en France, s'étoit toujours montrée digne de sa haute destination, soit dans le conseil, soit dans le service militaire, malgré les altérations qu'avoit subies sa constitution naturelle, par sa division en noblesse magistrale et en noblesse militaire, en gens de qualité et en simples gentilshommes; par la diminution de son nombre, qui n'étoit plus en proportion avec ses fonctions; enfin, par son appauvrissement, toutes choses qui venoient à la fois de sa propre faute et de la faute du pouvoir; car les États périssent par l'altération de la constitution du ministère, plus tôt que par l'altération de la constitution du pouvoir. Les pouvoirs, en Europe, avoient trop oublié qu'il faut gouverner les sujets *en masse,* et le ministère, ou *la noblesse, en détail,* et, si j'ose le dire, par individus.

La distinction de noblesse ancienne et de noblesse récente n'étoit pas dans la constitution; mais elle étoit dans les mœurs, qui accordoient aux familles anciennement vouées au service public, et qu'on pouvoit regarder comme les vieillards de la société politique, le respect que l'on accorde aux hommes avancés en âge, dans la société domestique.

Comme la noblesse étoit soumise à l'impôt personnel du service militaire, « ou elle servoit même avec le capital de son bien », dit Montesquieu, et du service de magistrature, si foiblement rétribué, ses propriétés étoient affranchies de quelques impôts matériels. Dans ce siècle d'argent on lui en a fait un crime, et cependant le même publiciste, qu'un certain parti ne cite jamais que lorsqu'il se trompe, dit que « les terres nobles doivent avoir des » privilèges comme les personnes. »

Les sujets, comme nous l'avons dit, n'étoient

exclus d'aucun avancement, et le reproche fait à une ordonnance d'un ministre de la guerre, M. de Ségur, porte à faux. Le jeune homme du tiers-état, qui vouloit embrasser la profession des armes, pouvoit commencer par être soldat, comme le jeune homme issu d'une famille noble, qui aujourd'hui voudroit entrer dans la carrière du commerce, commenceroit par être commis. D'ailleurs on n'a qu'à consulter les *états militaires* de cette époque, pour se convaincre que la moitié au moins des emplois militaires, surtout dans l'infanterie, étoient occupés par des personnes qui n'étoient pas nobles ; le tiers-état n'avoit pas à craindre la concurrence de la noblesse dans les spéculations de commerce et d'industrie, et il paroissoit assez naturel qu'il lui laissât le service militaire, qui assurément ne l'enrichissoit pas.

Toute distinction entre les *ordres* cessoit aux États-généraux ; ils étoient convoqués de loin en loin par le roi, ou plutôt par les circonstances, pour sonder les plaies que le temps, les passions des hommes, et les erreurs ou les fautes du gouvernement, avoient pu faire à la constitution de l'État ou à son administration, et en avertir celui qui devoit y porter remède. Ils étoient, si on le peut dire, les médecins consultans de l'État, et, sous ce rapport, les États-généraux ne devoient pas plus être périodiques que la médecine ordinaire pour un homme en santé.

Les États-généraux n'avoient que le droit de *conseil* ou de *doléance;* et, quand ils ont voulu sortir de leur sphère, ils ont été inutiles ou funestes.

On n'a pas assez connu la nature de cette convocation générale des trois sociétés, religieuse, politique et domestique, qui composoient l'édifice social, représentées par le clergé ou les ministres de la religion, par la noblesse ou les ministres de la politique, et par le tiers-état, qui appartenoit à la société domestique.

Ces trois ordres représentoient les trois choses qui constituent toute société, et sans lesquelles une société d'êtres intelligens et physiques ne sauroit subsister : les *lumières,* la *propriété,* le *travail;* les *lumières* dans les ministres de la religion, de qui leur divin chef a dit : «Vous êtes la lumière du monde, *vos » estis lux mundi.* » C'est, en effet, dans la religion que se trouvent toutes les lumières morales et même politiques; car toutes les sciences humaines ne sont pas des lumières, mais des connoissances plus ou moins utiles, et sans influence au moins directe sur le vrai bonheur de l'homme et le bon ordre des États; la *propriété* dans la noblesse, riche en grandes et franches propriétés, si elle avoit su les conserver; le *travail* et l'industrie dans le tiers-état, avec lesquels il pouvoit acquérir la propriété et la noblesse, et les lumières par l'éducation.

Aux derniers États-généraux, devenus depuis l'*Assemblée nationale*, tout a été confondu. Au lieu de voir chaque *ordre* comme le représentant d'une société, et comme *une seule personne*, on n'y a vu que des individus qu'on a comptés un à un et par tête, et jamais l'adage ancien, *tot capita, tot sensus,* n'a été plus complètement vérifié. Les hommes du *travail* et de l'industrie ont égalé en nombre et surpassé en force matérielle les hommes des *lumières* et de la *propriété;* la religion et la royauté, le clergé et la noblesse, ministres de l'une et de l'autre, ont souffert la persécution la plus cruelle; les *lumières* se sont affoiblies, la *propriété* a été envahie, le *travail* seul et l'industrie ont dominé et dominent encore, et se perdront par leur excès.

Je n'en dirai pas davantage sur ce chapitre. Je n'ai voulu faire ni l'apologie du temps passé, ni la satire du temps présent, mais exposer des faits trop ignorés aujourd'hui, et en déduire les conséquences naturelles.

La monarchie royale, je le répète, est donc celle où les trois personnes sociales sont parfaitement distinctes, et dans laquelle le pouvoir et les ministres sont homogènes.

Ceci s'expliquera mieux par les applications aux deux autres espèces de monarchie dont nous avons parlé, la monarchie despotique et la monarchie élective.

CHAPITRE XI.

DE LA MONARCHIE DESPOTIQUE ET DE LA MONARCHIE ÉLECTIVE.

Un exemple qui est sous nos yeux mettra dans le plus grand jour cette distinction entre ces deux monarchies; car il n'y a de vraie et de bonne théorie politique que celle qu'on peut sur-le-champ réduire en application.

La monarchie légalement despotique, telle qu'elle existe en Orient, et plus près de nous en Turquie, et la monarchie élective telle qu'elle existoit en Pologne, sont celles où deux des trois personnes, le *pouvoir* et ses *ministres*, sont distinctes, mais ne sont pas homogènes.

Ainsi, en Turquie, le pouvoir est héréditaire, et les ministres, officiers, ou agens, comme on voudra les appeler, sont amovibles, et rentrent par un caprice du sultan dans les conditions privées d'où un autre caprice les a fait sortir.

En Pologne, au contraire, le pouvoir étoit électif ou viager, et ses ministres, ou la noblesse, étoient héréditaires.

Ces deux causes diamétralement opposées ont conduit ces deux États au même résultat : foiblesse du gouvernement et oppression des peuples, en Turquie, par la violence de l'administration ; en Pologne, par sa foiblesse ou sa nullité.

L'éligibilité du roi, qui avoit en Pologne remplacé l'hérédité, ne s'y étoit pas introduite sans motifs. Entourée de voisins barbares toujours armés et perpétuellement aggresseurs, la Pologne avoit continuellement besoin moins d'un roi que d'un général d'armée ; et les chances de la minorité, de la jeunesse ou de la foiblesse de caractère de son souverain, étoient pour elle un danger de plus. Ces mêmes chances, autrefois sans conséquences décisives dans les États mieux situés, sont devenues plus menaçantes pour les monarchies là où une politique étroite et jalouse a, sous de vains prétextes, supprimé le lieutenant perpétuel et inamovible de la royauté, le premier officier militaire de la couronne, général né des ses armées, dictateur perpétuel, le connétable, et que les rois se sont ainsi coupé le bras qui tenoit leur épée ; cette épée, qui, entre les mains de simples gentilshommes, avoit plus d'une fois sauvé la France, et entre les mains du premier prince du sang, révolté contre son souverain, n'avoit pu l'entamer. L'office de connétable étoit une institution purement défensive, et c'est en cela qu'elle étoit tout-à-fait monarchique : aussi il est à remarquer que c'est à la veille des longues guerres et des grandes conquêtes de Louis XIV qu'elle a été abolie.

Mais dès que les Barbares voisins de la Pologne ont été repoussés de ses frontières par l'éloignement des Tartares, la décadence de l'empire ottoman et les conquêtes de la Russie, les troubles de l'élection d'un roi, et les facilités qu'ils donnoient à quelques puissances de lui imposer un maître, se sont fait sentir. « La Po-« logne, dit J. J. Rousseau, tomboit en paraly-» sie cinq à six fois par siècle. » Sans roi *qui*

ne mourût pas, sans direction uniforme et perpétuelle, sans indépendance, car l'indépendance d'une société n'est que l'indépendance
de son pouvoir, comme l'indépendance d'un
individu n'est que l'indépendance de sa volonté; sans gouvernement enfin, la Pologne
étoit dans une véritable anarchie; elle n'étoit
un royaume que sur la carte, et une république que sur les protocoles de sa chancelle-
rie. Elle n'étoit à proprement parler ni monarchie, ni aristocratie, ni démocratie; elle étoit
tout cela, si l'on veut, ou plutôt elle n'étoit
rien, et les puissances voisines s'en sont par-
tagé le territoire comme un pays abandonné,
et qui appartient au premier occupant. Heureuse l'Europe, si les puissances co-parta-
geantes, consultant la politique de la morale, plutôt que celle de leur ambition, se
fussent accordées à imposer à la Pologne, et
même s'il eût fallu, malgré elle, une famille
royale, eussent consacré ainsi, par un grand
acte politique, la loi fondamentale de la société, l'hérédité du pouvoir, et n'eussent pas
donné au monde le fatal exemple d'effacer de
la carte, et de réduire à l'état de province,
ce vieil et noble enfant de la chrétienté! Heureuses les puissances, si elles eussent laissé

entre elles ce grand corps dont l'interposition amortissoit les coups qu'elles peuvent se porter! Heureuse, enfin, la Pologne, si ses grands, au lieu de demander une constitution à l'auteur du *Contrat social*, qui ne pouvoit que la jeter dans de nouveaux abîmes, eussent consulté la nature, qui, par les désordres mêmes où leur pays étoit tombé, leur indiquoit le besoin d'une royauté héréditaire, et leur en montroit la force et les bienfaits chez les nations voisines!

Le magnat polonais, qui demandoit au philosophe une constitution pour son pays, étoit tout aussi raisonnable que le seroit un malade qui prieroit son médecin de lui faire un tempérament, et rien ne prouve mieux que la demande de ce seigneur, l'ignorance où l'on étoit alors de la science politique.

Mais, si le défaut d'homogénéité entre un pouvoir électif et viager et une noblesse héréditaire, a conduit la Pologne au dernier degré de foiblesse et de dépendance, une cause tout opposée, un pouvoir héréditaire, et des ministres ou officiers publics amovibles, auroit depuis long-temps conduit la Turquie au même résultat, sans la chimère surannée de l'équilibre politique auquel les puissances chrétiennes ont cru la conservation de la Turquie nécessaire.

Dans une monarchie élective, le roi est sous la dépendance des grands héréditaires qui l'ont nommé et lui ont imposé des conditions. Dans la monarchie despotique, les ministres ou agens du pouvoir sont sous la dépendance arbitraire du pouvoir, qui peut les révoquer, les dépouiller, et les rejeter eux et leurs enfans dans les derniers rangs de la société, ou même leur ôter la vie et les biens. De là, dans la monarchie despotique, la violence du pouvoir, qui ne trouve de résistance que dans la révolte des soldats, qui lui coûte souvent le trône et la vie ; et dans la monarchie élective, la foiblesse du pouvoir, dépendant de ceux qui l'ont élu.

Ainsi, là où le pouvoir est électif, et où la noblesse ou les ministres sont héréditaires, il y a trop de force dans les ministres, et là où le pouvoir est héréditaire et les ministres amovibles, il y a trop de force dans le pouvoir. Le premier de ces états de société est anarchie ou absence de chef ; le second est despotisme ou force excessive et déréglée du pouvoir.

On dira peut-être que dans la monarchie royale le souverain révoque aussi et destitue des emplois militaires ou administratifs ; mais s'il révoque le fonctionnaire, il ne destitue pas le noble, qui ne peut perdre son caractère et

le faire perdre à sa famille que par un jugement infamant et une dégradation judiciaire;
or tout ce qui, dans la société, est légalement
indépendant du pouvoir, est un frein aux abus
d'autorité.

Mais il faut bien distinguer le despotisme
légal et constitué du despotisme personnel, qui
est proprement la tyrannie; et saint Louis lui-
même, s'il est vrai que les Sarrasins, frappés
de ses héroïques qualités, lui aient offert la
couronne, saint Louis avec ses vertus, obligé
de gouverner ces peuples par leurs propres
lois, eût été un despote, et n'eût certainement
pas été un tyran. Il est vrai que le passage de
l'un à l'autre est glissant, et que des peuples
abrutis s'accoutument trop aisément à ne voir
que l'*ordre légal* dans les violences et les caprices du despote. Rendons grâces aux mœurs
chrétiennes, qui font que le despotisme même
légal est, comme dit Montesquieu, « plus pe-
» sant au souverain qu'aux peuples eux-mê-
» mes. » La tyrannie n'est aujourd'hui à craindre que de la part d'une assemblée.

Dans le temps où nous sommes, et qui se
distingue par une haine si profonde de l'autorité, dans ce temps où l'on ne veut voir dans les
pouvoirs publics les plus légitimes que despo-

tisme et tyrannie, on parle à peine de ces tyrans qu'on peut appeler domestiques, qui, en dépouillant ou assassinant le père de famille, exercent une oppression cent fois plus cruelle que celle que peut exercer le gouvernement le plus oppresseur. Je veux parler des crimes si multipliés de nos jours, et particulièrement en France et en Angleterre où l'on déclame le plus contre l'oppression, et où l'on redoute le plus le despotisme. En Angleterre, la prodigieuse multiplication des crimes a été dénoncée à la chambre des communes il y a deux ans; en France, il faut sans cesse agrandir les maisons de détention et les bagnes, et l'on a été obligé de constituer à Paris le jury en permanence pour juger les malfaiteurs. Pourquoi dans ces deux pays qui se disent libres cette surabondance de crimes, dont on ne se plaint pas dans les autres? Est-ce que la licence des actions suivroit la licence des discours et des écrits? chacun donneroit-il au mot *liberté*, dont on parle tant sans jamais l'expliquer, un sens particulier accommodé à ses goûts et à ses passions, et les uns l'entendroient-ils de la liberté de tout faire, comme d'autres l'entendent de la liberté de tout dire? Peut-être.....

CHAPITRE XII.

DE LA DÉMOCRATIE.

A l'extrémité opposée de la monarchie se trouve la démocratie, c'est-à-dire que la monarchie est le gouvernement d'un seul, et la démocratie le gouvernement de tous.

Dans la monarchie royale, il y a distinction, et fixité ou hérédité des personnes sociales, et homogénéité entre le pouvoir et ses ministres ; une famille royale exerçant elle seule le pouvoir, des familles *ministres* occupées à le conseiller ou à le servir, des familles sujettes occupées de travail et d'industrie, exerçant des professions lucratives qui puissent, en les enrichissant, leur permettre de passer, chacune à leur tour, de la société domestique dans la société publique, ou autrement de la société de soi dans la société de tous.

Dans la démocratie, où il n'y a ni famille *pouvoir*, ni famille *ministre*, les familles privées ont fait toutes à la fois irruption dans la société publique, et les trois personnes sont réduites à une seule qui les comprend toutes.

Le peuple y est *pouvoir*, y est *ministre*, y est *sujet :* il est pouvoir, il est ministre du pouvoir, puisque tous peuvent y prétendre; car pour quel motif quelqu'un en seroit-il exclus? Il n'y a plus de *sujets,* je veux dire que le nom de sujet disparoît devant l'orgueil du pouvoir, et il n'y a que des *citoyens*..... C'est ce que nous avons vu, il y a trente ans.

On diroit que, dans cette foule, personne d'assez fort pour commander ne s'étant élevé, les hommes qui la composent ont mis en société leurs médiocrités pour gouverner en commun, en attendant qu'il se présente un homme qui prenne les rênes et renvoie tous ces gouvernans à leurs affaires; car c'est ainsi que finissent toutes les démocraties. Jamais homme fort ne sera démocrate que par ambition du pouvoir, et pour l'exercer lui seul.

C'est à peu près ainsi que de petits capitalistes associent leurs fortunes dans une spéculation de commerce, que chacun d'eux n'est pas assez riche pour entreprendre en seul, et c'est de cette identité que vient sans doute la faveur dont jouit le commerce dans les démocraties.

Il faut remarquer que, moins la démocratie est restreinte, je veux dire plus elle appelle de peuple au gouvernement, plus elle est démocratie, plus elle est dans sa nature, plus elle est *parfaite;* car le mal même a son beau idéal : mais aussi moins elle est possible; et l'on ne pourroit gouverner, même le plus petit bourg, s'il falloit appeler aux délibérations et au maniement des affaires tous les habitans sans distinction qui auroient atteint l'âge de raison; car il ne faut pour gouverner que l'intelligence et la raison. C'est ce qu'ont senti tous les législateurs populaires qui, en établissant la démocratie, n'en ont voulu qu'aussi peu qu'il a été possible d'en conserver, et ils ont fait ce que font les médecins qui, administrant des poisons comme remèdes, en pèsent la dose avec un si religieux scrupule. Aussi il est risible de voir les peines qu'ils se sont données, et les moyens qu'ils ont imaginés dans tous les temps et tous les pays, en Suisse et à Genève, comme en France, et jadis à Rome et en Grèce, pour distinguer, classer, borner de mille manières la partie du peuple qui doit prendre part aux délibérations publiques, pour neutraliser les uns par les autres, et attacher le droit de voter, contre l'esprit de ce gouvernement, à tel cens, à tel âge, à telles conditions, plutôt qu'à tout autre cens, à tout autre âge, et à d'autres conditions; sans que, dans toutes ces combinaisons plus ou moins ingénieuses, il y ait autre chose que l'esprit de l'homme, trop souvent les erreurs de son jugement, quelquefois ses passions, et sans qu'on puisse y trouver quelque raison prise de la nature de l'homme ou de celle de la société.

Cependant J. J. Rousseau a dit : « Pour » qu'une volonté soit générale dans une répu- » blique, il est nécessaire que toutes les voix » soient comptées; toute exclusion formelle » rompt la généralité. » Et plus loin : « La » démocratie peut embrasser tout un peuple » ou se resserrer jusqu'à la moitié. » Ce qui est une contradiction formelle avec ce qui précède; là il ne veut pas une seule exclusion; ici il exclut la moitié du peuple.

Mais la nature ne perd pas ses droits, et jusque dans la démocratie la plus étendue, et par conséquent la plus désordonnée, on retrouve, au fond de toutes les combinaisons, quelque image de l'unité de pouvoir ou de la monarchie; car, ainsi que nous l'avons déjà dit, la politique a, comme l'astronomie, ses mouvemens réels et ses mouvemens apparens.

Ainsi les affaires se décident à la moitié, plus *une* des voix, et cette voix seule, quoique inconnue, qui tranche la question d'une manière absolue, est le pouvoir du jour ou plutôt du moment.

Ainsi, lorsqu'en cas d'égalité des voix, on donne au président la voix prépondérante ou deux voix, que fait-on autre chose que supposer la présence d'*un* votant qui n'existe pas, et qui n'en est pas moins, quoiqu'il ne soit qu'une fiction, le pouvoir de la circonstance?

Ainsi, dans toute assemblée, commission, comité, *un* ouvre l'avis, qui finit par l'emporter; car, si *deux* seulement parloient à la fois, ils ne seroient pas entendus.

Ainsi, dans plusieurs États populaires, on nomme un premier magistrat, qui n'est pas un pouvoir permanent, mais qui présente une image et comme une fiction de l'unité de pouvoir, tant cette unité est dans la nature de l'homme et les besoins de la société!

La démocratie est le gouvernement des foibles, puisqu'il est le gouvernement des passions populaires, et elle est le plus foible des gouvernemens, puisqu'il faut, dit Montesquieu, « qu'il ait toujours quelque chose à redouter. » Dangereux pour ses voisins, car, les redoutant toujours, il est toujours à leur égard dans un état hostile; dangereux pour lui-même, parce que le pouvoir y est en proie à tous les ambitieux, et qu'il ne peut échapper à la guerre civile que par la guerre étrangère. C'est l'histoire de Rome, de Carthage, de l'Angleterre, de la France république, des républiques grecques et des démocraties italiennes du moyen âge; et la démocratie ne peut se maintenir quelque temps dans un grand État, comme les États-Unis d'Amérique, qu'à l'aide de circonstances particulières d'isolement ou d'une population dispersée sur un vaste territoire; et dans les petits, que par l'amitié, et, s'il en étoit besoin, par l'intervention de quelque grande puissance, ou enfin, comme dans les petits cantons helvétiques, par l'influence toute puissante, et, pour parler plus exactement, par le pouvoir de la religion.

CHAPITRE XIII.

DE L'ARISTOCRATIE.

Dans la monarchie royale, nous avons vu les trois personnes sociales parfaitement distinctes les unes des autres ; dans la démocratie, nous les avons trouvées confondues en une seule ; dans l'aristocratie, nous en trouverons deux, les ministres et les sujets, la noblesse et le peuple.

L'aristocratie se rapproche donc davantage de la monarchie ; elle participe même de sa force de conservation et de stabilité, et elle est, à proprement parler, une monarchie *acéphale*, ou sans chef ; et c'est pour conserver une image plus complète de la monarchie, qu'elle se donne un chef sous le nom de doge, de président, quelquefois de roi, comme en Pologne, qui n'a que les vains honneurs de la souveraineté, et n'est que le premier sujet de cette aristocratie, ou plutôt son premier esclave.

Il faut remarquer que cette classe de citoyens qui exerce exclusivement et collectivement le pouvoir, réunie en un corps presque partout appelé sénat, perd le nom politique de noblesse pour prendre celui de *patriciat;* et, pour faire sentir en deux mots cette distinction, la noblesse sert le pouvoir, le patriciat l'exerce, et, devenu roi, nomme des ministres, ou secrétaires d'État, pour les différentes parties de l'administration.

Ce qui rapproche le plus l'aristocratie de la monarchie royale, est l'hérédité, que le patriciat a gardée pour lui et n'a pas accordée à son chef, de peur d'en faire un roi.

Mais, si l'aristocratie, pouvoir plus concentré, participe de la stabilité de la monarchie, en sa qualité de pouvoir collectif elle participe aussi des vices de la démocratie, dont elle ne se préserve que par la plus sévère surveillance. Plus forte et plus tranquille que la démocratie, elle l'est moins que la monarchie, et réunit plutôt les inconvéniens des deux gouvernemens que leurs avantages.

C'est l'hérédité du pouvoir, qui fait la différence de l'ancienne aristocratie noble de Vénise à l'aristocratie bourgeoise de Genève, entre lesquelles J. J. Rousseau n'en voit aucune, et certes avec quelque raison; car, si l'aristocratie proprement dite est une démo-

cratie de nobles, on peut dire que la démocratie est une aristocratie de bourgeois. Au
reste, cette hérédité, qui n'existe pas de droit
à Genève, y existe de fait, ou à peu près,
puisque le pouvoir tend à s'y concentrer dans
un certain nombre de familles, et que les enfans des membres du gouvernement de Genève ne retombent pas plus que ne le faisoient ceux des patriciens de Venise, dans la
condition du peuple. Aussi, les appellations
d'honneur sont les mêmes dans les deux pays,
et les aristocrates de Genève sont *magnifiques
seigneurs,* comme ceux de Venise. S'il y avoit
un livre d'or à Venise, où étoient inscrits les
seuls nobles Vénitiens, et si même les nobles
de *terre ferme* étoient exclus des plus hauts
emplois, il y avoit à Genève, et dans d'autres
républiques de la Suisse, des distinctions entre
les *natifs,* les *naturels,* les bourgeois, les paysans, etc., et conséquemment des privilèges
et des exclusions, et tous ces gouvernemens
s'appeloient, les uns comme les autres, républiques, et l'étoient en effet.

Venise puissante étoit tranquille, parce
que, ainsi que nous l'avons dit, sa constitution
la rapprochoit davantage de la monarchie, et
que le pouvoir y étoit reconnu comme la pro-

priété héréditaire des anciennes familles fon-
datrices de cet État; et Genève, malgré l'exi-
guité de son territoire, étoit continuellement
agitée, parce que la nature de ce gouvernement appelant au pouvoir, en général, tous les
citoyens, ceux qui en étoient exclus s'offen-
soient avec raison de l'inconséquence et de la
dureté des lois qui avoient concentré le pouvoir dans un certain nombre de familles qui
n'y avoient pas plus de droit que les autres.

CHAPITRE XIV.

DU GOUVERNEMENT REPRÉSENTATIF.

Le gouvernement appelé *représentatif*, on
ne sait trop pourquoi, est regardé comme le
dernier terme des progrès politiques de l'esprit humain, et des découvertes qu'il a pu
faire dans la science de la société.

Si nous l'examinons d'après les principes
que nous avons appliqués aux autres formes
de gouvernement, nous y voyons, au moins
de nom, les trois personnes sociales, mais
confondues ensemble, et, dans le fait, réduites

à une seule, le *pouvoir;* car le roi y est pouvoir, la noblesse, ou plutôt le *patriciat,* y est pouvoir, les *sujets* y sont *pouvoir* par représentation. Ils sont donc tous pouvoir législatif, le premier pouvoir et même le seul, puisque les autorités nommées pouvoir exécutif et pouvoir judiciaire ne sont que des fonctions du pouvoir législatif et l'exécution de ses volontés.

La Charte a conservé l'ancienne noblesse; mais cette noblesse, sans fonctions politiques, n'est, à côté de la pairie ou du *patriciat,* que ce qu'étoient à côté du sénat les chevaliers romains, qui n'eurent jamais de place bien marquée ni de fonctions spéciales dans l'État.

Le type du gouvernement représentatif est en Angleterre. Il y a été formé sans dessein combiné d'avance, par les chances variées des évènemens, les troubles civils, les guerres étrangères, l'audace et la puissance des barons, la foiblesse ou les violences de quelques souverains, et surtout par la nécessité continuelle où se trouvoient les rois d'Angleterre, perpétuellement en guerre avec la France, l'Écosse ou l'Irlande, de demander à leurs peuples, pour la soutenir, des subsides qu'ils n'osoient pas toujours imposer d'autorité; et c'est un des avantages pour les rois, ou des inconvéniens pour les peuples, de cette forme de gouvernement, si toutefois il y a avantage pour les rois dans ce qui est inconvénient pour les peuples.

Ce gouvernement mixte n'est proprement ni monarchie, ni aristocratie, ni démocratie; mais il tient de tous les trois. Il en a eu, en Angleterre, selon les temps, les biens et les maux, et il a successivement passé par toutes les violences du despotisme, toute l'insolence de l'aristocratie, toute la turbulence et les orages de la démocratie. La réforme religieuse du quinzième siècle y prit aisément racine; elle y trouva ses principes, et ne contribua pas peu à les affermir.

En 1688, le gouvernement prit une forme plus déterminée : le roi gagna en respects extérieurs et le peuple en licence, ce que l'un et l'autre perdirent en pouvoir réel. Ce changement se fit au profit de *l'aristocratie*, qui craignit que la tendance des derniers Stuarts au catholicisme, ou même la profession ouverte qu'en faisoit Jacques II, ne remît en question la légitimité de possession des biens de l'Église, dont les grandes familles s'étoient emparées. Le peuple ne fut pour rien dans cette révolution, toute entière faite contre lui ou sans lui, et qui n'a pas encore porté tous ses fruits.

« Que les Anglais, dit M. de Montesquieu, » conservent soigneusement leurs institutions; » car, s'ils venoient à les perdre, ils seroient » le peuple le plus esclave de la terre. » Ce publiciste ne s'est pas aperçu qu'il ruine et dément, par cette seule observation, tout ce qu'il a dit à l'éloge de la constitution anglaise; car, pour les États comme pour les hommes, la constitution la plus forte n'est pas celle qui empêche les maladies, ce qui n'est pas plus possible en politique qu'en hygiène; mais celle qui opère le plus tôt et le plus complètement le rétablissement.

Ce gouvernement composé plaît aux beaux-esprits, parce qu'il faut beaucoup d'art pour diriger la course de ce char au milieu des précipices dont la route est semée, parce qu'on y parle beaucoup, et que l'on y écrit encore davantage. Il plaît au commerce et à l'industrie, dont il favorise, et quelquefois outre mesure, le développement; il plaît à l'ambition, qui trouve, dans ses fréquentes révolutions d'administration, des chances inespérées de succès. Aussi, lorsque le règne du bel-esprit eut commencé en France, et que l'égalité de représentation, et bientôt la supériorité de force et d'influence, eut été donnée, dans l'assemblée constituante, à la partie de la nation exclusivement occupée de commerce et d'industrie, la France, après plusieurs essais tous plus malheureux les uns que les autres, passa du despotisme militaire de Bonaparte sous cette forme de gouvernement qui réalisoit bien des projets, calmoit beaucoup de craintes, et tranquillisoit beaucoup d'intérêts.

La constitution anglaise avoit été le produit des évènemens; celle de France fut une imitation à *priori*, plus raisonnée que raisonnable, de celle d'Angleterre, dont quelques écrivains avoient fait après coup la théorie, comme on a fait des poétiques sur des poèmes. On s'expose à de grandes méprises lorsqu'on cherche la raison de ce qui n'en a pas d'autre que le hasard des évènemens et le résultat irrégulier des passions humaines.

Le roi, dans cette forme de gouvernement, n'a, comme pouvoir législatif, de plus que les deux autres, que le droit de faire faire des propositions de lois par ses secrétaires d'État; car c'est plutôt comme pouvoir exécutif et administrateur suprême, qu'il a reçu de la Charte le droit de nommer des ministres, de faire la paix et la guerre, et de publier des ordonnances, quand les circonstances le demandent.

Le roi ne peut donc que voter sur le vote des chambres; c'est-à-dire, sanctionner ou rejeter leurs résolutions, comme les chambres elles-mêmes peuvent accepter ou rejeter les propositions faites au nom du roi, après en avoir délibéré, et même ces propositions, comme tous les actes législatifs, quoique signés du roi lui-même, n'auroient aucun effet et ne seroient pas prises en considération, si elles n'étoient contresignées et comme *endossées* par un des secrétaires d'État.

Le pouvoir n'est donc *un* que par fiction, puisqu'il est divisé en *trois*. Il n'est pas indépendant dans les mains du roi, puisque le roi est pensionné, et non suffisamment propriétaire. Mais, à la place de ce que la loi lui refuse, elle lui confère un privilège qui sembloit réservé à la Divinité : celui de ne pouvoir faillir; et il est naturel, en effet, que ne pouvant tout seul rien faire lui-même dans la législation, il ne puisse pas mal faire. Tout le mal, s'il y en a, se fait par les ministres secrétaires d'État, et ils en font beaucoup, s'il faut en croire les journaux démocratiques, qui les attaquent sur tout et à propos de tout! Cette

guerre perpétuelle entre ces journaux et les secrétaires d'État, premiers agens de l'autorité, qu'on appelle exclusivement ministres, tient ceux-ci dans un état de vigilance continuelle sur leurs actes; mais elle peut aussi les retenir dans un état d'inertie et de timidité, ou même leur arracher des concessions funestes à l'État. Des hommes d'un grand caractère pourroient, il est vrai, se mettre au-dessus de ces pusillanimités et de ces complaisances; mais ils courroient le risque d'être accusés par une chambre et jugés par l'autre. La force de leur caractère ne serviroit qu'à rendre leur retraite plus honorable, et ce n'est pas tout-à-fait à la monarchie représentative ou constitutionnelle que convient cette observation de J. J. Rousseau : « Quand, par quel-
» que heureux hasard, un de ces hommes nés
» pour gouverner prend le timon des affaires
» dans une monarchie presque abîmée, on est
» tout surpris des ressources qu'il trouve, et
» cela fait époque. » Le passage suivant de M. de Montesquieu auroit beaucoup mieux convenu à des temps par lesquels nous avons passé, et qui, il faut l'espérer, ne reviendront plus. « Quel état, demande-t-il, que ce sys-
» tème de tyrannie produit par des gens qui

» n'avoient obtenu le pouvoir politique que
» *par la connoissance des affaires civiles,* et
» qui, dans les circonstances de ces temps-là,
» avoient besoin au dedans de la lâcheté des
» citoyens, pour qu'ils se laissassent gouver-
» ner, et de leur courage au dehors pour les
» défendre? »

Les révolutions ministérielles seront, je
crois, plus fréquentes en France qu'en Angleterre, à cause de l'inconstance de notre
humeur et de la précipitation de nos jugemens; d'ailleurs, nous comprenons beaucoup
moins bien que les Anglais le gouvernement
représentatif; plus indépendans qu'aucun autre peuple dans les habitudes ordinaires de la
vie, et indépendans jusqu'à l'originalité, les
Anglais ne portent pas cette indépendance dans
les discussions parlementaires; ils pensent que
l'opinion de chacun doit céder à l'opinion de
ceux avec qui il combat, et qu'un gouvernement fondé sur des majorités de nombre seroit
impossible si chacun vouloit, sous prétexte
d'indépendance d'opinion, se frayer une route
particulière. Les destitutions fréquentes qui
sont la suite des révolutions ministérielles, font
ressembler les gouvernemens populaires aux
gouvernemens despotiques avec lesquels ils ont

déjà assez d'autres rapports; mais, si quelques-uns ont à s'en plaindre, d'autres, en plus grand nombre, s'en accommodent, et tout se compense. Il n'y a, dans tous ces changemens et toutes ces révolutions, de perte que pour la tranquillité publique, chose en général dont on s'occupe fort peu dans ces sortes de gouvernemens. « Un gouvernement libre, dit Montes- » quieu, est toujours agité. » « Quand vous » voyez un État tranquille, dit J. J. Rousseau, » soyez assuré que la liberté n'y est pas. » Ces philosophes ont cru que l'homme et la société étoient faits pour vivre dans le trouble et l'agitation; et, si telle est leur destinée, les gouvernemens représentatifs sont, sans contredit, ceux qui conviennent le mieux à la nature de l'homme et à celle de la société.

En effet, le gouvernement représentatif est une lutte permanente et continuelle entre deux ennemis irréconciliables : la monarchie et la démocratie, la nature et l'art; et l'opposition entre ces deux antagonistes y est nécessaire, parce qu'elle y est naturelle.

Cette lutte existe en Angleterre comme en France; mais en Angleterre la monarchie est défendue par une aristocratie plus nombreuse et plus puissante, soit par ses relations avec la chambre des communes dont elle nomme, avec la couronne, ou fait nommer une grande partie des membres, et où elle fait entrer ses fils, ses frères, ses parens, ses amis, ses obligés; soit par son influence sur le peuple des campagnes, à cause de ses immenses propriétés et de leur nature féodale : la religion anglicane, qui a retenu la hiérarchie épiscopale et conservé de grandes propriétés, appuie aussi la monarchie; mais, comme elle est presbytérienne dans ses dogmes, et que les Méthodistes, Calvinistes rigides, et mille autres sectes, penchent vers la démocratie, le gouvernement royal qui voit le danger, appelle dans ce moment, à son secours les catholiques, et abroge les lois barbares portées contre eux.

La monarchie, en France, ne trouve pas tout-à-fait le même appui dans sa pairie nouvellement formée, encore sans esprit de corps, sans influence sur le choix des députés, et à qui les confiscations révolutionnaires sur les grands propriétaires n'ont pas permis encore d'acquérir la consistance que donnent de grandes richesses anciennement possédées. Mais la monarchie trouve un secours dans la religion catholique, essentiellement monarchique. Aussi, la démocratie fait tous ses efforts pour ruiner l'influence du catholicisme et nous jeter dans le protestantisme, au hasard de renouveler parmi nous les scènes sanglantes et les affreux désordres dont il a été la cause et l'occasion.

L'Angleterre trouve encore une ressource contre la turbulence accoutumée de la démocratie et sa lutte éternelle contre la monarchie, dans les habitudes un peu nomades des Anglais et ce goût de voyager qui leur fait quitter leur pays pour vivre en d'autres climats, et surtout dans les nombreuses occupations que leur donne un commerce maritime qui les disperse dans les quatre parties du monde. La classe intermédiaire étant aussi beaucoup plus riche qu'elle ne l'est en France, voit avec moins de jalousie le pouvoir, la fortune, les faveurs de la cour entre les mains de l'aristocratie, et y a beaucoup plus de respect, au moins extérieur, pour les classes supérieures.

Le Français est plus sédentaire, et parce qu'il est du double plus nombreux que le peuple anglais; il est généralement moins distrait par le commerce, et il a aussi plus de cette vivacité d'impressions et d'émotions, qui fait qu'il s'occupe de politique avec plus de danger pour l'État et pour son propre bonheur.

La magistrature, ou plutôt les magistrats

qui n'ont jamais fait corps en Angleterre, ni rivalisé de pouvoir avec le gouvernement, n'ont point de cet esprit de corps ou de ces souvenirs qui puissent les détourner de prêter au gouvernement, dans les questions judiciaires qui l'intéressent, l'appui le plus franc et le plus sûr. Nous ne sommes pas tout-à-fait dans la même position, et il est à remarquer que le parti qui a le plus hautement déclamé contre *l'absolutisme* de l'ancienne magistrature, qui a détruit les parlemens et envoyé leurs membres à l'échafaud, flatte aujourd'hui ceux qui les remplacent, et leur rendroit volontiers le pouvoir absolu s'ils vouloient s'en servir contre le gouvernement; et, comme les magistrats sont hommes, il est à craindre que la magistrature ne se laisse prendre quelquefois à cet appât...

Le gouvernement représentatif a des effets différens dans un État insulaire et dans un État continental. Il est, comme tout gouvernement où le peuple a part au pouvoir, pointilleux et querelleur de sa nature, « puisqu'il faut, a dit » Montesquieu, qu'il ait toujours quelque chose » à redouter. » Un État insulaire, isolé de tous les autres, défendu par la mer, surtout quand il en est le maître, ne prend, aux querelles du continent, que la part qu'il veut bien y prendre. Mais un État continental entouré de voisins puissans, armés, quelquefois jaloux, ne peut se refuser à la guerre, surtout lorsqu'il la provoque, et le gouvernement représentatif est provocateur de sa nature, ou par ses armes ou par ses doctrines ; et voulût-il rester en paix, il suffiroit de l'éloquence véhémente d'un orateur de tribune pour le pousser à la guerre. Si jamais notre belle France étoit entamée, elle le seroit de ce côté ; elle seroit conquérante jusqu'à ce qu'elle fût conquise ; car c'est par là que finissent tous les États conquérans, et nous en avons fait la triste expérience.

Mais en même temps que ce gouvernement est plus guerrier, ou plutôt plus guerroyant, il est moins militaire ; aussi toutes les républiques modernes ont confié le soin de leur défense à des troupes étrangères, qu'elles ne redoutoient pas comme les nationales, dans lesquelles la république craignoit de trouver un compétiteur. C'est ce que la France sans doute ne fera jamais ; mais l'esprit militaire s'y est affoibli, et des écrivains, militaires de profession, en ont fait la remarque ; il s'y est affoibli, parce que les classes les plus élevées appelées à la pairie, aimeront mieux, à la longue, gouverner l'État que le servir, et déjà, dans les familles patriciennes, les aînés n'embrassent plus la profession des armes, les puînés entrent de préférence dans les carrières civiles, et en tout le civil prend le pas sur le militaire, qui occupoit autrefois dans la nation le premier rang. Dans un État insulaire, la partie la plus militaire de la nation sert sur mer, et ce service, qui se confond avec la navigation commerciale, est dans la nature de ce gouvernement, et les habitudes ou les intérêts de ces peuples, et n'expose pas l'État au danger de l'usurpation.

L'oppression seroit plus pesante et plus générale de la part d'un gouvernement collectif, que de la part du monarque même le plus absolu. Le monarque ne peut opprimer que ses courtisans, parce qu'il ne connoît personne au de là de sa cour; le gouvernement collectif peut opprimer avec la force et les passions de tous ses membres : et comme ceux-ci, en parvenant au pouvoir, ont laissé dans le monde des ennemis, des jaloux, des concurrens; ils peuvent employer cette force à satisfaire des vengeances ou des animosités personnelles.

Nous avons comparé la société politique à la société domestique, et le pouvoir public à la paternité. En suivant jusqu'au bout cette

comparaison, on pourroit regarder le gouvernement représentatif comme une sorte de polygamie politique, qui réunit deux sociétés
sous un même pouvoir, de même que la polygamie domestique réunit plusieurs familles
sous un même père; et la comparaison est
d'autant plus juste qu'il n'y a pas beaucoup
plus d'union entre les deux sociétés monarchique et populaire, qu'entre les familles nées
de mères différentes (1).

(1) Nous avons parlé à propos des États-généraux
du clergé et de la noblesse. Qu'il nous soit permis
d'opposer aux ignorans *détracteurs* de ces deux classes
de citoyens, le sentiment d'un véritable homme d'É-
tat de Buonaparte, rapporté par un homme dont ils
ne récuseront pas l'autorité : « Dans la campagne de
» France, » dit le général Foy dans son *Histoire de la
guerre de la péninsule*, tom. I, pag. 169, « aux pre-
» miers mois de 1814, Napoléon parloit à Troyes en
» Champagne avec un de ses généraux de l'état des
» choses ; les ennemis, disoit celui-ci, sont trop nom-
» breux, nous ne pouvons en venir à bout avec nos
» soldats, qui tombent chaque jour et qu'on ne rem-
» place pas. Il faut que la France se lève......Eh!
» comment voulez-vous que la France se lève, inter-
» rompit avec vivacité Napoléon ; il n'y a pas de cler-
» gé, il n'y a pas de noblesse, et j'ai tué la liberté. »
Napoléon croyoit donc à l'utilité politique de ces deux
ordres, non-seulement pour affermir la liberté, mais

CHAPITRE XV.

OBSERVATIONS GÉNÉRALES.

Si, avant de passer à la société religieuse, nous jetons un coup-d'œil sur l'ensemble de la société civile dont nous venons d'analyser les différentes formes et les divers accidens, nous trouverons que toute la constitution de cette société, soit domestique, soit publique, consiste dans la distinction ou la confusion des personnes sociales, et dans leur existence héréditaire ou viagère, fixe ou amovible.

Je dis la constitution, et non l'administration, choses qu'on confond aujourd'hui plus que jamais; car toutes les constitutions modernes et d'invention humaine ne sont que des formes plus ou moins heureuses d'administration, qui diffèrent de la constitution, ainsi que nous l'avons déjà dit, comme le régime diffère du tempérament. Ainsi, pour ne nous occuper que de la constitution, dans la société domes-

pour la défense de l'État, où ils formoient l'esprit public, de toutes les défenses la plus sûre.

tique se trouvent les trois personnes *pouvoir, ministre, sujet,* parfaitement distinctes.

La famille est monogame ou polygame.

La société publique peut être aussi mono-cratique ou polycratique, c'est-à-dire monar-chique ou populaire.

Dans la monarchie royale, le plus parfait des gouvernemens, parce qu'il est le plus na-turel, et qu'il ressemble le plus à la famille, son élément, les trois personnes sont parfai-tement distinctes, et le pouvoir et le ministre sont héréditaires, propriétaires, inamovibles, et par conséquent homogènes avec le pouvoir.

Dans la monarchie despotique, comme dans la monarchie élective, les trois personnes sont distinctes, mais non homogènes entre elles, puisque, dans la première, le pouvoir est hé-réditaire et le ministère amovible, à la volonté du pouvoir, comme en Turquie et en Perse ; et que dans l'autre le pouvoir est viager ; et la noblesse ou le ministère héréditaire, comme autrefois en Pologne.

Dans la monarchie représentative ou con-stitutionnelle, il y a distinction même héré-ditaire de personnes et confusion de fonctions, puisque les trois personnes ont part au pou-voir, mais en corps de sénat ou de peuple.

Les États populaires ou polycratiques sont démocratiques ou aristocratiques, et portent tous deux le nom de république.

Dans la démocratie proprement dite, il y a confusion de personnes, ou plutôt, il n'y en a qu'une, le peuple souverain, alternativement pouvoir, ministre, sujet; et il n'y a ni hérédité, ni fixité, mais une mobilité perpétuelle, et c'est ce qui en fait le plus orageux et par conséquent le plus imparfait des gouvernemens.

Dans l'aristocratie proprement dite ou héréditaire, il n'y a que deux personnes dont l'une exerce héréditairement le pouvoir sur l'autre; c'est, comme nous l'avons déjà dit, une monarchie *acéphale* ou sans chef, et comme elle se rapproche davantage de la monarchie, elle participe aussi de sa stabilité.

Ici, je m'adrese aux esprits vraiment philosophiques, et je leur demande d'accorder une sérieuse attention à ce qui me reste à dire sur les personnes sociales.

Nous retrouvons le type et la preuve de leur existence distincte et de leurs différentes natures à la fois aux deux extrêmes de nos esprits, si je peux ainsi parler, et dans les conceptions les plus élevées de notre raison, et dans les règles les plus familières et les plus usuelles de notre langage.

Ainsi, pour commencer par ce qui nous est le plus familier, les trois pronoms personnels *je*, *tu*, *il*, base de toutes les langues, ne sont que l'expression des trois personnes sociales et de leurs différens rapports.

Je, première personne, *celle qui parle*, qui commande, désigne le pouvoir; d'où vient que l'expression *ego* est, dans les livres saints, particulièrement affectée à l'Être suprême, et il est si bien reconnu que ce mot est l'expression de la supériorité, qu'il est contraire aux bienséances de le répéter trop souvent en parlant de soi; et dire sans cesse *je fais*, *je dis*, *etc.*, est un ridicule, si ce n'est un tort, et l'on a fait de *ego* le substantif et l'adjectif du vice d'*égoïsme*, d'*égoïste*.

Le seconde personne, *celle à qui l'on parle*, l'on commande, s'exprime par *tu*, terme de commandement du pouvoir au ministre, du père à son fils, de l'époux à sa femme, du maître à ses serviteurs, et nous en trouvons encore la preuve dans les règles de la civilité entre personnes bien nées, qui ne permettent rien, dans les relations de société, qui sente la supériorité; de là vient qu'on doit s'abstenir de *tutoyer* en public qui que ce soit.

La révolution, qui a introduit le mépris de toutes les bienséances, sous le prétexte d'égalité, a fait une mode du *tutoiement* des pères et mères par leurs enfans, en même temps qu'elle supprimoit, comme contraire à l'égalité, le mot de domestique. Les pères ont permis ce tutoiement enfantin et contre nature, parce qu'ils se sont crus plus aimés de leurs enfans, et les mères, parce qu'elles se sont crues plus jeunes.

Enfin, la troisième personne, *celle de qui on parle,* sujet de l'entretien politique du pouvoir et du ministre, parce qu'elle est l'objet de leurs fonctions et que tout se rapporte à elle, s'exprime par *il,* et cet *il* désigne si bien l'infériorité, qu'il devient terme de mépris, si on se le permet en parlant d'une personne présente. *Je, tu, il,* langage de la société domestique, de la société dont le pouvoir dit : moi ; *nous, vous, eux,* langage de la société publique, de la société dont le pouvoir dit : nous. Le particulier dit *je,* le roi ou le public dit *nous* (1).

(1) Le pouvoir en Espagne signe *moi* le roi ; mais aussi le pouvoir y est plus constitué ou mieux défendu par les mœurs que par les lois.

Ils seroient bien peu philosophes ceux qui regarderoient un rapprochement si frappant comme trop familier et trop vulgaire pour servir de preuves à de si hautes vérités.

Mais on peut offrir aux esprits méditatifs des considérations d'un autre genre, et après avoir cherché une preuve familière de l'existence et de la nature des personnes sociales dans la constitution de tout langage et ses règles fondamentales, nous en trouverons une d'un genre plus élevé dans la constitution même de l'univers, et dans les conceptions les plus hautes auxquelles notre raison puisse atteindre.

Il faut avant tout établir ou rappeler deux propositions dont la certitude ne peut être contestée, et qui sont comme le fondement de la science de l'homme intelligent.

1° C'est que nos idées sont l'expression ou la représentation des objets, et les mots dont nous nous servons, l'expression de nos idées.

2° Qu'il n'y a point d'idée reçue qui ne soit l'expression d'un objet, ni de mot compris qui ne soit l'expression d'une idée.

C'est ce qu'a voulu dire Fontenelle dans cette proposition : « qu'une vérité *nommée* est une vérité *connue*. »

Cela posé, je dis que les trois idées générales de *pouvoir*, de *ministre*, de *sujet*, correspondent une à une, avec une parfaite analogie, aux trois idées plus générales encore de *cause*, de *moyen* et d'*effet*, idées les plus absolument générales que la raison puisse concevoir, et qui sont exprimées par les termes les plus absolument généraux que la langue puisse fournir.

De même que *pouvoir*, *ministre*, *sujet*, comprennent absolument tous les hommes, ainsi *cause*, *moyen*, *effet*, comprennent absolument tous les êtres, depuis Dieu lui-même jusqu'au vermisseau.

S'il n'y avoit dans l'univers ni *cause*, ni *moyen*, ni *effet*, ces idées ne se trouveroient dans aucun esprit, et les termes qui les expriment ne se trouveroient dans aucune langue.

Ces trois expressions sont universellement entendues, puisqu'elles entrent de mille manières dans le langage usuel, et par conséquent les idées qu'elles expriment sont universellement comprises, quoiqu'elles le soient plus ou moins complètement par les différens esprits.

Je crois qu'il est impossible de remonter plus haut, et qu'au delà il n'y a plus que la région sans bornes des subtilités et des illusions.

Nous avons dit que *pouvoir, ministre, sujet,* correspondoient un à un avec une parfaite analogie à *cause, moyen, effet.* Effectivement, qui dit *cause* (intelligente), dit pouvoir de faire ; qui dit *pouvoir,* dit cause de ce qui est, puisque la volonté, principe d'action, est une qualité inhérente à la cause (intelligente) comme au pouvoir, et que l'un et l'autre agissent avec volonté pour produire un *effet.*

Moyen et *ministre* ne se correspondent pas avec moins d'exactitude, puisqu'on peut dire indifféremment : « la *cause* ou le *pouvoir* agit » par le *moyen* ou le *ministère* de ses agens, » et que le *moyen* est interposé entre la *cause* et l'*effet,* comme le *ministre* entre le pouvoir et le sujet. Quand on dit, il n'y a pas d'*effet* sans *cause,* on pourroit ajouter qu'il n'y a pas de *cause* et d'*effet* sans *moyen,* ni de pouvoir sans ministres.

Enfin *effet* et *sujet* sont aussi deux idées semblables, ou plutôt sont une seule et même idée, puisque l'une et l'autre désignent l'être sans volonté et sans action propre, sujet à la volonté d'un autre, objet de son action, et qui ne fait que recevoir ce qui lui est transmis. Or, dans ce sens, la production de l'homme dans la famille, la conservation de la famille dans l'état, sont des effets dont la cause est dans le pouvoir domestique ou public.

Le système universel des êtres exprimé par *cause, moyen, effet,* se retrouve donc, dans le système particulier de la famille, sous les noms de père, mère, enfans ; et dans le système plus général de la société civile ou publique, sous le nom de *roi,* de *noblesse,* de *peuple,* ou, sous tous autres noms, et dans le système de la société religieuse, comme nous le verrons tout à l'heure, sous les noms de *Dieu,* de *prêtres,* de *fidèles, etc.* Il se retrouve ce système universel jusque dans l'homme lui-même, *intelligence servie* par les *organes,* dont l'intelligence est *pouvoir* et *cause* de ses actions libres, dont les organes sont les *moyens* et comme les *ministres,* et dont tous les êtres subordonnés qui servent à ses besoins, produits de son travail et de son industrie, sont les *sujets* ou les *effets.*

Ainsi, l'homme est constitué comme la famille, la famille comme l'État, l'État comme la religion ; l'homme, la famille, l'État, la religion, comme l'univers ; et, si je voulois parler à l'imagination, je me représenterois des cercles concentriques qui, commençant par l'homme, et finissant par l'univers, s'embrassent mutuellement, et sont tous embrassés par le grand cercle sur lequel seroit écrit *cause, moyen, effet*. C'est sans doute par un sentiment confus de cette vérité, que les anciens philosophes appeloient l'homme un monde en abrégé, un petit monde.

C'est cette harmonie qui constitue l'ordre, « l'ordre, la loi inviolable des esprits, » a dit Malebranche, et comme le sceau que le régulateur et conservateur de tout ordre, ordre lui-même essentiel, a imprimé à ses ouvrages.

Nous n'avons considéré la *cause*, le *moyen* et l'*effet*, que dans leur généralité la plus absolue, et nous n'avons rien dit des *causes secondes*, qui ne sont que des moyens que l'on considère comme *causes*, lorsqu'elles agissent par des *moyens subordonnés*. Ainsi le soleil, qui n'est qu'un *effet* dans l'univers, est encore le premier *moyen* de la fécondité de la terre, puisqu'il donne à tous les êtres la chaleur et la vie ; et il peut être considéré comme *cause* lui-même, si l'on se le représente comme produisant la lumière et élevant les vapeurs et les exhalaisons, qui retombent en pluie, et portent partout la fertilité.

Ainsi, le même homme qui est *sujet* dans la société, y peut être *ministre*, s'il remplit des fonctions politiques, et il est *pouvoir* dans sa famille; et les rois eux-mêmes *sujets*, comme les autres hommes de la Divinité, ne sont, comme chefs de la société, que les premiers *ministres* du pouvoir divin pour faire le bien, *minister Dei in bonum,* dit l'apôtre; et ils sont, comme rois, *pouvoir* dans la société civile, et comme hommes, *pouvoir* dans leurs familles.

Ainsi, tout ce qu'il y a de plus général au monde et dans nos idées, est soumis à une combinaison ternaire, trois cathégories d'êtres dans l'univers, *cause, moyen, effet;* trois personnes dans la société, *pouvoir, ministre, sujet;* trois temps dans la durée, *passé, présent, futur,* trois dimensions dans l'espace, *longueur, largeur, profondeur, etc.* Cette vérité n'a pas été ignorée des philosophes de l'antiquité, dont le plus célèbre, Platon, parle du nombre trois, comme d'un nombre mystérieux, et qui renferme de grandes vérités.

CHAPITRE XVI.

DE LA SOCIÉTÉ RELIGIEUSE.

Nous voyons dans la société humaine, telle qu'elle nous est connue par l'histoire et la tradition, seuls monumens que nous puissions consulter, et aussi haut qu'il nous soit possible de remonter, la connoissance de Dieu aussitôt que l'existence de l'homme, et la religion aussitôt que la famille.

J'entends ici par religion une connoissance plus ou moins distincte et raisonnable d'un être invisible et tout-puissant, créateur des êtres subordonnés, à qui l'homme attribuoit les biens et les maux de la vie, et dont il s'efforçoit de mériter les bienfaits ou de fléchir le courroux.

A ce consentement universel du genre humain, regardé par un des plus grands philosophes de l'antiquité, Cicéron, comme la voix de la nature et la preuve de la vérité, *vox naturæ et argumentum veritatis*, opposera-t-on les récits suspects de quelques voyageurs, qui, croyant trouver un culte public chez des hommes à peine en état domestique, n'ont, disent-ils, aperçu dans quelques peuplades sauvages, aucune connoissance de la Divinité? Mais, outre qu'ils alloient y chercher toute autre chose, et que ces peuples aussi avoient toute autre chose à leur offrir, que pouvoient-ils, dans leur court passage, découvrir de ce qu'il y a de plus secret et de plus intime chez des hommes stupides dont ils n'entendoient pas la langue, et dont ils ne connoissoient ni les usages ni les mœurs?

« Nous remarquons, au contraire, dit Con
» dorcet, que partout se montre l'idée de puis
» sances surnaturelles, et partout, à côté de
» ces opinions, s'élèvent, ici, des princes pon
» tifes; là, des familles ou des tribus sacerdo
» tales; ailleurs, des collèges de prêtres. Cette
» distinction de profession, dont à la fin du
» dix-huitième siècle le clergé nous offre en
» core le modèle, se retrouve chez les peuples
» les moins civilisés, et elle est trop générale
» et se rencontre trop fréquemment, à toutes
» les époques de la civilisation et à tous ses
» degrès, *pour qu'elle n'ait pas un fondement*
» *dans la nature même.* »

Il est facile de dire, avec Lucrèce, que la

crainte a fait les premiers dieux, ou, avec nos athées, que la Divinité est une invention des prêtres. La crainte ou l'amour, l'imposture ou l'erreur, exagèrent, défigurent ce qui est, mais ne créent point ce qui n'est pas ; et, si la Divinité elle-même, dans le grand intérêt du genre humain, n'avoit daigné se rendre sensible aux premiers humains, soit par la transmission du langage, qu'on ne peut expliquer autrement, soit de toute autre manière, jamais l'idée de la Divinité ne seroit entrée dans aucun esprit, jamais son expression ne se seroit trouvée dans aucune langue ; et n'est-ce pas à cette manifestation sensible de la Divinité, qu'il faut rapporter la pente prodigieuse du genre humain presque à son origine, à se faire des dieux visibles, des dieux de chair et de matière, des dieux enfin tels que le demandoient les Hébreux, *qui marchassent devant eux?*

Une fois cette idée de la Divinité entrée dans le monde, elle s'y diversifiera à l'infini, soit dans son expression, soit dans les développemens que les hommes lui donneront ou les altérations qu'ils lui feront subir ; mais, transmise avec la langue de génération en génération, elle ne sortira plus de la société.

Dieu et l'homme, êtres non égaux, mais

semblables, puisque deux intelligences qui se connoissent mutuellement sont *semblables*, quoique à une distance infinie l'une de l'autre. Cette vérité de raisonnement est confirmée par les croyances religieuses, qui nous apprennent que Dieu fit l'homme à son *image* et à sa *ressemblance*.

Dieu et l'homme formeront donc une société d'êtres *semblables* pour leur production et leur conservation mutuelle ; car, si Dieu a produit le genre humain et le conserve, on peut dire aussi que les hommes, en se transmettant de génération en génération avec la parole, la connoissance de Dieu, la produisent et la conservent dans l'univers : *Fides ex auditu ;* dit saint Paul.

Cette société de Dieu et de l'homme aura tous les caractères que nous avons remarqués dans les sociétés, et composée d'hommes, et faite pour le bonheur de l'homme, elle suivra toutes les phases de la société humaine.

Elle commencera donc dans la famille et avec la famille, et sera une religion purement domestique. Son *pouvoir*, qui est Dieu même, sera adoré dans l'enceinte des foyers domestiques ; le prêtre, ou *ministre* du pouvoir, sera le père de famille ; les *sujets*, ou fidèles, seront les membres de la famille, dont le père offrira à la Divinité les vœux et les hommages, et il demandera pour elle *la rosée du ciel et la graisse de la terre*. Cette religion aura son sacrifice, caractère essentiel de la société, comme nous le verrons tout à l'heure; et le père de famille, revêtu du sacerdoce domestique, offrira à la Divinité les prémices de ses champs et de ses troupeaux, seules richesses des sociétés primitives.

Telle a été la religion des premières familles, appelée religion naturelle, et naturelle en effet au premier état, et seulement au premier état de la société.

Ces familles avoient retenu le dogme fondamental de l'unité de Dieu. Mais celles qui, plus tard, s'en séparèrent, tombées dans l'idolâtrie, avoient aussi leur culte domestique, comme nous le voyons dans l'exemple de Laban; et même elles sacrifièrent aux dieux de leurs foyers, sous le nom de *lares,* et firent de ces foyers eux-mêmes une sorte de divinité.

Nous avons remarqué deux états dans la société domestique, la monogamie et la polygamie; deux états correspondans dans la société politique, la monarchie ou monocratie, et la polycratie ou démocratie. Nous retrouvons

cette même division dans la religion, le monothéisme et le polythéisme, religion d'un Dieu
ou de plusieurs dieux, partout unité ou plu-
ralité.

Mais les familles étoient devenues des cités,
et les cités des nations, et la religion de la famille, de domestique qu'elle étoit, devint religion de la cité, religion de l'État, religion publique. Nous ne parlons ici que des sociétés
idolâtres; et la cause des variétés infinies de
leurs cultes et de la multiplicité de leurs dieux,
fut précisément ce culte de chaque famille
pour ses dieux particuliers, que, réunies en
corps de cité, elles conservèrent et portèrent
dans d'autres familles, comme une portion de
leur patrimoine. « Votre Dieu sera mon Dieu, »
dit Ruth à Noémi dans les livres saints.

Les cités ou petits États récemment sortis
de l'état domestique en retinrent les coutumes;
le chef ou roi qui avoit hérité du pouvoir du
père de famille, hérita aussi de son sacerdoce,
et offrit le sacrifice au nom du peuple.

Tout, dans le culte, devint alors extérieur
et public; les temples s'élevèrent. Il étoit naturel d'adorer, dans une *maison commune,* une
divinité commune à tous; le sacerdoce fut attribué au pouvoir public ou *commun,* et la *com-*

mune, ou le peuple tout entier, fut le sujet de cette société et le sectateur de ce culte.

Mais, lorsque les États se furent étendus et peuplés, et que les pouvoirs publics eurent autre chose à faire que des cérémonies religieuses, le paganisme, qui est proprement l'idolâtrie des peuples policés, fit, non pas de la religion, mais du culte, une institution séparée du maniement des affaires politiques, et il établit des collèges de prêtres. On connoît le luxe de cet établissement sacerdotal chez les Grecs et chez les Romains; et ces derniers, plus jaloux que les Grecs, de conserver les traditions antiques, retinrent dans le sénat, jusqu'aux derniers temps, le titre politique de *roi des sacrifices*

Aussi Montesquieu dit avec raison : « Les » peuples qui n'ont pas de prêtres sont ordi- » nairement barbares. » Et, à voir ce qui se passe chez nous, nous pourrions ajouter qu'ils ne tarderont pas à le devenir, les peuples qui ne veulent plus de prêtres, et les regardent comme un *parti*.

Nous avons cité des faits; et, sans recourir à l'autorité des livres saints, les histoires profanes nous en disent assez sur le sacerdoce des premiers rois, qui avoit succédé à celui du père de famille, quelquefois de la mère, lorsque les familles furent devenues des peuplades et des nations, et sur le grand nombre de dieux, et sur l'extravagance ou la cruauté des cultes, et sur les désordres de la polygamie dans les familles, de la polycratie dans les États, du polythéisme dans l'univers. Ainsi la division étoit dans les familles, par la multiplicité des femmes ; dans les États, par la multiplicité des concurrens au pouvoir ; dans l'univers, par la multiplicité des dieux particuliers à chaque famille, à chaque contrée, à chaque nation ; et, comme il y avoit les dieux des foyers ou *lares,* il y eut les dieux des *cités, deos populares ;* et » tout étoit Dieu, dit Bossuet, excepté Dieu » même. »

Il existoit cependant, le vrai Dieu, ce Dieu unique ; car, s'il y en avoit un, il ne pouvoit y en avoir plusieurs. Il existoit ce vrai Dieu, puisqu'il y en avoit tant de faux, et que l'erreur n'est jamais qu'une vérité incomplète ou défigurée ; et la connoissance s'en étoit conservée dans l'univers, puisqu'elle s'y conserve encore.

Par quel moyen s'y étoit-elle conservée ? Nous le demanderons à l'histoire, et nous en trouverons la preuve sous nos yeux. Mais avant de passer à cette démonstration, il convient de s'arrêter sur le plus grand *acte* de la société et de toute société, et plus particulièrement de la société religieuse, qui a en plus qu'une autre retenu l'expression, je veux parler du sacrifice, que, pour cette raison, la religion, dans sa liturgie, appelle *l'action* par excellence, *actio*.

CHAPITRE XVII.

DU SACRIFICE (1).

Le sacrifice est le don de soi que le ministre fait au pouvoir, au nom et dans l'intérêt des sujets, et par lequel il offre la société toute

(1) M. le comte de Maistre, mon illustre ami, a dit de très-belles choses sur le sacrifice. Un journal m'a fait l'honneur de m'appeler son disciple : je n'ai été ni son disciple, ni son maître. Nous ne nous sommes jamais vus; mais je le regarde comme un de nos plus beaux génies, et m'honore de l'amitié qu'il m'accordoit, et de la conformité de nos opinions. Il m'écrivoit peu avant sa mort : » Je n'ai rien pensé que vous » ne l'ayez écrit ; je n'ai rien écrit que vous ne l'ayez » pensé. » L'assertion si flatteuse pour moi, souffre cependant de part et d'autre quelques exceptions.

entière, en offrant l'*homme* et la *propriété,* qui composent toute la société.

Ce don de soi existe dans la société domestique, où la femme se donne corps et biens à son époux, pour ne faire qu'un avec lui, et être, comme disent les livres saints, « l'os de ses os et la chair de sa chair; » et, chez tous les peuples, le don de la virginité s'est appelé sacrifice, et en a eu le mérite, lorsqu'il a été fait à la Divinité.

Ce don de soi existe dans la société politique ou le corps des ministres, où la noblesse se donne corps et biens au pouvoir, dans l'intérêt de la défense de la société. « La noblesse an- » glaise, dit M. de Montesquieu, s'ensevelit » sous les débris du trône. » Et sir Thomas Windham disoit à ses cinq fils, en mourant : » Mes enfans, je vous recommande de ne jamais » abandonner la couronne, quand même elle » pendroit d'un buisson. »

La noblesse française a toujours défendu le trône de ses rois de son corps et de ses biens, et elle a tout perdu ou tout compromis par son émigration, sacrifice ou dévouement, le plus mémorable et le plus étendu dont l'histoire fasse mention.

Et n'étoit-ce pas encore un sacrifice que la

vie austère et occupée de nos anciens magistrats, qui consumoient leur vie et leur fortune
dans des fonctions ingrates et pénibles, et dont
l'honneur étoit la seule récompense?

Le sacrifice existe surtout dans la société
religieuse; et sans parler encore du grand sacrifice de la religion chrétienne, qu'est-ce, je
le demande, que ce renoncement aux douceurs
de la vie domestique et aux soins lucratifs des
affaires temporelles, que s'imposent les ministres de la religion, pour s'occuper exclusivement de l'instruction des peuples et du service des autels? Que sont les austérités des
cénobites, le dévouement des saintes filles au
soulagement des pauvres et des malades, et à
l'éducation de l'enfance? Que sont les travaux
des missionnaires; que sont même dans les
fausses religions les cruautés qu'exercent sur
eux-mêmes les bonzes et les faquirs; qu'est-ce
autre chose que le don de soi et de véritables
sacrifices?

S'il avoit manqué quelque chose en France
aux sacrifices de la noblesse et du clergé, les
déportations, la ruine, le bannissement et la
mort d'un si grand nombre de prêtres et de
nobles, tristes fruits de la révolution, n'y auroient-ils pas abondamment suppléé?

En effet, la société une fois convaincue de l'existence d'un Être suprême, arbitre souverain des évènemens, dispensateur équitable des biens et des maux, des récompenses et des châtimens, que pouvoit-elle faire autre chose pour reconnoître son souverain domaine, mériter ses bienfaits ou fléchir sa justice? Que pouvoit-elle donner au maître souverain de tous les hommes et de tous les biens qu'elle-même toute entière, c'est-à-dire *l'homme et la propriété?* Et effectivement, nous voyons dans toutes les sociétés, sous une forme ou sous une autre, l'offrande de l'homme et de la propriété; et je le demande, si cette grande idée du sacrifice, fondée sur l'inébranlable conviction de l'existence de la Divinité et de sa toute-puissance, n'eût pas été si fortement enracinée dans l'esprit des hommes, quelle est l'imposture, la séduction, ou l'éloquence, qui eût pu faire violence aux sentimens de la nature, au point de persuader aux mères de faire brûler leurs enfans dans les bras d'airain d'une horrible idole; et de quel malheur plus grand que celui de perdre ainsi les plus doux fruits de leur tendresse vouloient-elles se préserver? Quel est le délire qui dévoueroit les prêtres indiens à des pénitences barbares, pires que la mort, et que la justice n'oseroit pas infliger à des malfaiteurs ; ou pousseroit les Japonais à se faire écraser sous les roues des chars qui portent leurs fausses divinités, et les Chinois à sacrifier leurs enfans à l'*Esprit du fleuve* ? Et cependant ces détestables sacrifices ont été ou sont encore pratiqués partout où le vrai Dieu n'a pas été connu ; ils le furent même chez les Romains et jusque dans les derniers temps de l'Empire. Hélas ! ils l'ont été chez nous-mêmes, et il entroit aussi des idées de sacrifice dans les nombreuses exécutions faites au pied de la statue de la liberté, et l'on en a vu la preuve dans les discours et les écrits du temps. Non, l'imposture et l'hypocrisie ne vont pas jusque-là, et les erreurs ne sont jamais que des vérités défigurées.

Il étoit donc dans la nature de l'homme et de la société, le sacrifice de l'homme et de la propriété. Le raisonnement en donne le motif, l'histoire en constate le fait. Mais il étoit aussi dans la nature de la Divinité que l'homme fût offert et ne fût pas immolé ; et la preuve de cette vérité philosophique se trouve dans les livres saints, où Dieu exige de la société domestique, représentée par Abraham, le sacrifice de son fils, et, satisfait de son obéissance, ne permet pas qu'il soit consommé, et agrée le sang de l'animal à la place de celui de l'homme.

C'est ce sacrifice que nous allons retrouver dans la société judaïque, et que les Turcs, dans leur religion échappée du judaïsme, ont retenu sous le nom de *corban*.

CHAPITRE XVIII.

DE LA SOCIÉTÉ JUDAÏQUE.

Une vérité aussi fondamentale que l'existence d'un Dieu, aussi nécessaire à la société, ne pouvoit périr dans l'univers, et elle y a toujours été, puisqu'elle y est encore.

Par quels moyens s'y est-elle conservée? Par des moyens pris dans l'ordre des choses humaines et de la société; car Dieu ne gouverne les hommes que par des moyens humains, et il s'est fait *homme* lui-même, quand il a voulu régénérer les sociétés humaines.

Cette vérité, confiée à des familles périssables, auroit péri avec elles; elle fut confiée à un peuple tout entier, et ce peuple fut constitué pour ne jamais périr, et être un témoin toujours vivant de la foi à l'existence de Dieu.

Les familles patriarcales étoient donc devenues un peuple et un grand peuple, et ce peuple issu de ces familles, et qui en avoit reçu la connoissance du vrai Dieu, devint naturellement le dépositaire de cette grande vérité, le plus précieux patrimoine du genre humain. Le peuple Juif, pour être capable de cette haute destination, fut séparé des nations toutes idolâtres, par ses lois et par ses mœurs, comme il l'étoit déjà par ses croyances; et il reçut une constitution particulière dont nous voyons encore les effets chez ce peuple répandu dans tout l'univers et partout sous nos yeux; une constitution que tant de siècles d'oppression, de dispersion, de persécutions et d'outrages, n'ont pu altérer, et qui, seule entre toutes les constitutions, dit J. J. Rousseau, « est à l'épreuve du temps, de la fortune et des conquérans. »

Nous retrouvons dans la constitution de cette société tous les caractères que nous avons remarqués dans la société domestique, et bien plus développés, puisqu'elle étoit une constitution non de famille, mais de nation.

Comme cette société fut constituée sur la religion qui doit être la base et la pierre angulaire de toutes les contitutions mêmes politiques, Dieu en fut le pouvoir suprême. Le pouvoir doit être continuellement et *réellement présent* à la société, qui ne peut, même un instant, subsister sans pouvoir, et cette vérité rationnelle reçut son application à la société judaïque à qui, nous disent les livres saints, Dieu daignoit manifester sa présence dans le lieu et le temps qu'il s'étoit choisis.

Ce pouvoir eut ses ministres. Une hiérarchie de prêtres et de familles sacerdotales, prises dans la nation, mais séparées du reste du peuple, qui prioient pour le peuple et sur le peuple, lui expliquoient la loi, et offroient à la Divinité le sacrifice social, le sacrifice de l'homme et de la propriété; mais le sang de l'homme fut racheté par le sang de l'animal, et jamais il ne souilla les autels du vrai Dieu. Les aînés mâles, rachetés aussi par des animaux innocens, étoient spécialement consacrés au Seigneur, et la plus politique de toutes les lois, celle du droit de primogéniture dans la ligne masculine, fut ainsi consacrée par la religion.

Cette société eut des chefs politiques, d'abord sous le nom de juges, plus tard, sous celui de rois; car la royauté n'est que la justice personnifiée. Ce pouvoir eut ses ministres, et

l'ordre des lévites (qui n'étoit pas l'ordre sacerdotal), qui tenoient autant à la politique
qu'à la religion, héréditaire dans les familles
d'une même tribu, fut une sorte de noblesse
qui prenoit les armes pour défendre ses autels
et ses lois.

Tout avoit été domestique et intérieur dans
la religion patriarcale, tout fut extérieur et
public, ou plutôt national, dans la religion
judaïque. L'autel campoit avec la nation et se
fixa avec elle; et, quand Dieu eut son temple,
la royauté eut son palais, la nation son territoire, et l'État sa capitale : et la religion et la
royauté eurent leur *ordre* et leur hiérarchie
de ministres, pris dans le corps de la nation
et séparés du reste du peuple.

Il y eut donc un peuple tout entier mono-
théiste ou sectateur de l'unité de Dieu, et
qui, pour cette raison, mérita d'être appelé
le peuple de Dieu, dépositaire de l'antique
patrimoine auquel le genre humain étoit substitué; il fut élevé comme un signe au milieu
des nations pour être, dans ses diverses fortunes, la leçon vivante de tous les gouvernemens : heureux et puissant tant qu'il restoit
fidèle aux lois que Dieu lui avoit données,
et qui n'étoient que les lois les plus naturelles

de la société ; malheureux et opprimé *jusqu'à devenir la proie des nations voisines, lorsqu'il méprisoit les avis de ses prophètes, qu'il prêtoit l'oreille à des docteurs de mensonges et à des doctrines étrangères, et qu'il alloit chercher chez des nations corrompues des exemples et des modèles.* Il ne faudroit pas remonter bien loin dans l'histoire des sociétés pour trouver l'application vivante de ces hautes leçons. Ces châtimens n'ont rien de miraculeux ; ils ne sont que la conséquence naturelle des lois générales qui régissent les sociétés. Il faudroit au contraire des miracles pour sauver une société de ses propres désordres, du mépris des lois divines, de l'esprit de révolte et d'impiété, comme il faudroit des miracles pour sauver l'insensé qui se précipiteroit dans un brasier ardent ou dans les profondeurs d'un abîme.

Le peuple Juif fut en butte à la haine de toutes les nations, parce que son exemple et ses lois les condamnoient toutes, et que possédant seul la vérité, il devoit être persécuté par toutes les erreurs.

Mais la société judaïque, quoique conquise, sans territoire et sans gouvernement politique, anéantie comme corps d'État, devoit survivre à son anéantissement politique, et sans sacerdoce, sans autels et sans temple, conserver ses croyances religieuses ; elle devoit finir comme elle avoit commencé en état domestique, et se perpétuer en corps de famille partout étrangère et partout vivante, parce qu'elle devoit compte à l'univers du grand secret dont elle avoit reçu la confidence, et qu'elle avoit gardé avec une religieuse fidélité.

Ces dernières réflexions nous conduisent à la religion chrétienne.

CHAPITRE XIX.

DE LA SOCIÉTÉ CHRÉTIENNE OU DU CHRISTIANISME.

Nous avons vu dans les premières familles une religion toute intérieure ou domestique comme la société.

Le pouvoir n'y étoit adoré que dans l'enceinte des foyers domestiques, le prêtre ou le ministre étoit le père de famille, les sujets ou fidèles étoient les membres de la famille.

Nous avons vu une religion locale ou nationale chez les Juifs. Tout y étoit extérieur et public, mais seulement pour cette nation, et le culte ne s'étendit ni à d'autres peuples ni à d'autres lieux. Dieu y eut un temple tout national, et qui n'étoit fréquenté que par les Juifs. Les ministres de cette religion furent un ordre particulier de pontifes et de prêtres, qui ne pouvoient être pris que dans la nation et dans une tribu, et les *sujets* ou fidèles furent la nation elle-même.

Mais le genre humain tout entier étoit appelé à la connoissance de la vérité, et le secret de l'unité de Dieu ne pouvoit plus long-temps rester caché. La vérité est la vie des intelligences ; et partout l'homme, même dans l'état le plus sauvage, a conservé le moyen de parvenir à la connoissance de la vérité, par le langage articulé, expression de son intelligence, attribut incommunicable de l'espèce humaine, qu'elle n'a pu recevoir que de son auteur, ni conserver que par la société. C'est avec la parole, et par la parole, qu'il a partout retenu quelque idée plus ou moins distincte et raisonnable de quelque être supérieur à l'homme, idée qui, toute confuse ou même bizarre qu'elle peut être, servira à la ramener à une connoissance plus distincte de la Divinité, vérité première et source de toutes les autres.

Il faut nier l'existence de Dieu, ou reconnoître que l'Être souverainement parfait n'a pu créer des intelligences, non *égales*, mais *semblables* à la sienne, que pour le connoître, et connoître toutes les vérités nécessaires à leur bonheur.

Et sans cette haute distinction, et si l'homme n'étoit ici-bas que pour satisfaire des goûts et des besoins matériels, quel avantage n'auroient pas sur lui les animaux, qui, sans étude, sans art et sans travail, logés, vêtus, armés, nourris par la nature, sont doués, pour satisfaire ces mêmes besoins, d'un instinct plus sûr et plus prompt que sa raison?

Dieu, intelligence suprême, est donc le pouvoir universel de toutes les intelligences; à ce pouvoir universel répondra donc, suivant l'analogie la plus exacte du langage, un *sujet* universel ou l'universalité des hommes; car il n'y a pas de pouvoir sans sujet, comme il n'y a pas de cause sans effet.

Mais il n'y a pas de pouvoir et de sujet sans ministre, ou moyen intermédiaire entre l'un et l'autre; comme il n'y a pas de *cause* et d'*effet* sans *moyen* entre l'un et l'autre.

A ce *pouvoir* universel, à ce *sujet* universel, répondra donc aussi un *ministre universel;* et voilà la société universelle formée des trois personnes, *pouvoir, ministre, sujet,* qui embrassent l'universalité des êtres intelligens. Cette société est le christianisme ou la religion universelle ou *catholique,* suivant la force du mot grec.

Mais quel est ce ministre universel? Je le demande au raisonnement. La même *expression* nous représente les mêmes caractères et les mêmes fonctions; et ce ministre universel du pouvoir universel sur l'universalité des hommes, sera donc, comme les autres ministres des autres sociétés, intermédiaire entre deux êtres, *medius,* c'est-à-dire *médiateur* entre Dieu et les hommes; *mediator unius non est,* dit saint Paul. Il sera passif à l'égard du pouvoir, actif à l'égard des sujets, passif pour recevoir les volontés du pouvoir, actif pour les transmettre au sujet; et pour pouvoir remplir cette double fonction d'obéir au pouvoir et de commander au sujet, il devra être *homogène,* ou de même nature que l'un et l'autre.

A présent, que l'on veuille bien se rappeler tout ce que nous avons dit de cette homogénéité; et dans la société domestique, où la femme, c'est-à-dire le ministre, doit participer de la nature de l'homme et de celle de l'enfant; et dans la société politique ou publique, où le ministère héréditaire ou la noblesse participe de la nature du pouvoir royal et de celle du peuple, et exerce une sorte de sacerdoce *royal,* puisque les nobles, dans une monarchie héréditaire, sont les prêtres de la royauté; et l'on sera conduit à cette conclusion naturelle, que le ministre universel entre Dieu et les hommes, devra participer de la nature divine et de la nature humaine; mais un être ne peut participer de la nature divine sans être Dieu, ni de la nature humaine sans être homme. Ce ministre universel sera donc..... Me sera-t-il permis de déduire une vérité si haute et si surhumaine d'une discussion *purement* philosophique? J'hésite... Mais, puisque notre siècle ne veut que de la philosophie, osons le dire : il sera..... HOMME-DIEU.

Qu'on prenne garde que nous avons été conduits à cette conclusion par le seul raisonnement et la similitude qui existe entre toutes les sociétés, toutes semblables dans leur constitution; et la philosophie n'a, pour cette démonstration, rien demandé à l'enseignement théologique et religieux.

Que les esprits foibles ou les consciences timorées ne s'alarment pas de ce rapprochement entre les deux extrêmes de la société, la société domestique ou particulière, et la société chrétienne ou universelle, la famille et la religion, et entre les ministres des deux sociétés. Le plus sublime interprète des vérités de la religion, saint Paul, semble nous y préparer, lorsqu'il a employé cette locution extraordinaire, en parlant du seul sacrement de mariage : « C'est un grand sacrement, je le dis en » Jésus-Christ et en l'Église. » Et plus haut : « Jésus-Christ est le chef de l'Église, comme » l'homme est le chef de la femme. » Et l'Église aussi est appelée l'épouse de Jésus-Christ, la mère des chrétiens, qui les a conçus et engendrés ; et Bossuet va plus loin encore, lorsque, parlant du plus haut mystère de la religion, il dit : « Qu'encore que la perception du » corps et du sang de l'*Homme-Dieu* ne soit » que momentanée, le droit que nous avons » de le recevoir est perpétuel et semblable *au* » *droit sacré qu'on a l'un sur l'autre par le* » *mariage.* »

Mais cet être prodigieux, intermédiaire entre Dieu et l'homme, et tenant de la nature de tous deux, ou plutôt l'un et l'autre ensemble, a-t-il toujours été ignoré du genre humain ; et une vérité si haute et si consolante est-elle restée cachée dans la société jusqu'à la naissance du christianisme? Gardons-nous de le croire, et il suffit d'ouvrir les yeux pour retrouver une connoissance confuse de cette vérité dans les plus anciennes traditions des peuples; et l'attente expresse d'un médiateur ou envoyé, dans les doctrines les plus constantes, ou plutôt dans la vie entière du peuple de Dieu.

Qu'on veuille bien réfléchir à la marche que nous avons suivie; et, pour la rendre plus sensible par une comparaison, toute imparfaite qu'elle est, nous avons fait à peu près comme Christophe Colomb, qui persuadé, par la configuration du globe terrestre et ses connoissances en astronomie et en physique, qu'il devoit exister un autre hémisphère, le chercha et le découvrit. Et nous aussi, nous avons, à l'aide du raisonnement philosophique, pensé qu'il devoit exister une société universelle, et nous l'avons cherchée et trouvée dans la religion chrétienne.

Ce ministre universel du pouvoir divin sur l'universalité des hommes, cet être intermédiaire, *medius* (car ces mots sont synonymes), et que la philosophie auroit pu traduire par *médiateur*, qui ne signifie aussi que moyen ou intermédiaire entre deux personnes, si la religion n'avoit depuis long-temps consacré cette expression à son usage, ce ministre ou médiateur, les livres saints nous disent qu'il fut annoncé à la première famille, mais sous les voiles du mystère ; et, si loin encore du temps où il devoit paroître, il n'étoit pas nécessaire que la société en eût une connoissance plus développée. Elle le fut chez le peuple juif d'une manière plus explicite, et la foi en un médiateur, qu'il appeloit le *messie,* ou *l'envoyé,* fut en quelque sorte toute sa constitution. Il ne vivoit que pour l'attendre, il l'attend encore même après qu'il est venu, et l'on peut dire qu'il est encore le peuple du *messie,* comme il étoit alors le *peuple de Dieu.*

Mais, si ce ministre universel doit, pour remplir sa double fonction, être à la fois *Dieu* et *homme,* l'enseignement figuratif de la religion judaïque doit lui attribuer le double caractère de divinité et d'humanité, de gloire et d'abaissement, d'obéissance à Dieu, d'autorité sur les hommes. Aussi, tantôt il est nommé *le roi de gloire,* tantôt *l'homme de douleurs,* tantôt *le désiré des nations,* tantôt *le rebut du peuple ;* dans un endroit il est *le précepteur des gentils ;* dans un autre, *l'opprobre des hommes ;* celui-ci le voit *rassemblant ses sujets des quatres parties du monde ;* celui-là le voit *les pieds et les mains percées;* l'un le voit *sur le trône,* l'autre *sur la croix.*

Mais c'est chez les chrétiens et dans leurs doctrines que tous les caractères de l'Homme-Dieu paroissent le plus à découvert et avec le plus d'évidence, et le nom de chrétiens que ses sectateurs reçoivent à Antioche, et le nom de christianisme donné à sa doctrine, et celui de chrétienté à la réunion des nations qui croient en lui, ont été tirés du nom de *Christ,* ou *d'Oint du Seigneur,* par lequel la religion l'a désigné à nos respects.

C'est dans le code sacré de la société chrétienne, dans l'Évangile, que l'on trouve les preuves de la mission et du caractère de ce ministre universel *par qui tout a été fait, et rien n'a été fait sans lui.* C'est là qu'on le voit *égal à Dieu,* et par conséquent Dieu lui-même, et dans sa naissance, sa vie et sa mort, soumis à toutes les infirmités de la nature humaine, hors ses passions et ses vices; obéissant à Dieu, et *obéissant jusqu'à la mort,* au nom de qui *tout genou fléchit au ciel et sur la terre,* et à qui Dieu *a donné les nations comme son héritage;* le Roi des rois de la terre, *Princeps regum terræ,* etc. etc. Il faudroit copier en entier les livres saints, et nous trouverions dans tous, et à toutes les pages, l'application à ce *ministre* universel du double caractère que nous avons attribué au ministère de toute société.

C'est, en effet, devant ses premiers disciples qu'il légitime en quelque sorte son ministère divin. Il leur dit en mille endroits *qu'il ne fait pas sa volonté, mais celle de son père, qui l'a envoyé; qu'il ne cherche pas sa gloire, mais celle de son père; que, s'il se glorifie lui-même, sa gloire n'est rien :* c'est toujours *son père qu'il prie pour eux; les paroles qu'il leur adresse ne sont pas les siennes, mais celles de son père.* Il ne parle jamais qu'au nom du pouvoir, il rapporte tout au pouvoir dont il est le ministre; mais en même temps, accréditant son divin ministère, il dit *qu'on ne peut aller à son père que par lui, ni le connoître sans le connoître lui-même;* que *qui n'honore pas le ministre, n'honore pas le pouvoir qui l'a envoyé, etc. etc.*

Comme il devoit être homme et fils de l'Homme, ainsi qu'il le dit lui-même, il devoit naître, vivre et mourir comme homme dans le temps et dans un lieu; et la domination universelle, entendue par les Juifs dans un sens tout matériel, la domination de ce ministre universel à qui *toute puissance avoit été donnée au ciel et sur la terre, au nom de qui les rois eux-mêmes devoient régner, et les législateurs donner des lois justes et sages,* cette domination universelle ne fut pas tout-à-fait ignorée des auteurs profanes, puisque nous lisons, dans *Tacite* et dans *Suétone,* que c'étoit une opinion répandue en Orient, vers le temps d'Auguste, qu'on ne seroit pas long-temps à voir sortir de la Judée ceux qui règneroient sur toute la terre, *profecti e Judœá rerum potirentur;* et, comme ces deux historiens, de style très-différent, rapportent cette prédiction absolument dans les mêmes termes, on peut croire que ce sont précisément ceux de l'opinion populaire qui s'étoit répandue.

Jésus-Christ naquit donc sous le règne d'Auguste, vécut et mourut sous celui de Tibère; et, sans parler des prophéties contenues dans les livres des Juifs, qui avoient annoncé sa naissance, sa vie et sa mort, des figures qui avoient mis en action ces prophéties, d'un peuple tout entier qui l'attendoit et qui l'attend encore, de cet enchaînement merveilleux de la religion des figures et de la religion des réalités, du judaïsme et du christianisme, des monumens contemporains qui racontent sa naissance, sa vie et sa mort, avec des circonstances qui ne pouvoient convenir qu'à l'Homme-Dieu, toujours Dieu lorsqu'il étoit homme, toujours homme quoiqu'il fût Dieu; sans parler des traditions et des écrits de tous les âges subséquens qui continuent les récits de ses historiens, et contiennent les actes faits en son nom par ses premiers disciples, le monument de tous le plus authentique, je veux dire la société qu'il a fondée, et qui existe sous nos yeux depuis dix - huit cents ans, place l'existence, la venue et la mission du ministre universel entre Dieu et les hommes, au plus haut degré de certitude historique, qu'un évènement puisse recevoir.

Il la fonde cette société, en laissant après lui un pouvoir *visible*, comme son vicaire et son représentant sur la terre, chef du ministère qu'il institue, en *l'envoyant* comme il a été *lui-même envoyé*, en *l'envoyant enseigner toutes les nations*. Il leur donne, à ces ministres, la puissance de *lier et de délier;* il les assure qu'il sera toujours avec eux jusqu'à la fin des temps, et que les erreurs et les passions ne prévaudront jamais contre la vérité qu'ils annoncent; il leur promet enfin comme le sceau de sa doctrine, et la preuve des vérités dont il leur confie la prédication, de cruelles persécutions, des combats continuels, jusqu'à leur *prédire que ceux qui les feront mourir, croiront faire une œuvre agréable à Dieu.* Jamais prédiction n'a été plus littéralement accomplie de nos jours ; et, dans le royaume dont le souverain s'honore du titre de roi très-chrétien, la persécution du glaive et du mépris a été portée au-delà de tous les excès ; et, sans les promesses de son fondateur, la religion chrétienne auroit paru menacée d'une destruction totale.

Mais il manquoit à la société, que le pouvoir divin avoit fondée, le premier et le plus essentiel caractère de toute société, le sacrifice. Dans une société où tout, *pouvoir, ministre, sujet,* étoit universel, le sacrifice aussi ne pouvoit être qu'universel ; et si, comme nous l'avons dit, le sacrifice est *le don de soi, que le ministre fait au pouvoir dans l'intérêt du sujet,* quel pouvoit être ce sacrifice, que celui du ministre universel se sacrifiant lui-même pour le salut de tous les hommes, et expiant, par la vertu de son sacrifice, les *péchés du monde,* je veux dire les désordres de l'idolâtrie, de l'immolation des victimes humaines, des jeux sanglans de l'arène, de l'esclavage, du divorce, de la polygamie, de l'exposition des enfans, que sa doctrine a abolie partout où elle a été annoncée, et chez tous les peuples qui l'ont reçue?

C'est en vertu de ce sacrifice que l'Homme-Dieu est devenu sauveur, rédempteur, médiateur entre Dieu et les hommes, qui lui ont été donnés en héritage, comme le prix de son sacrifice.

Nous avons dit que le pouvoir devoit être constamment et *réellement présent* à la société, qui ne peut même un instant exister sans pouvoir.

L'Homme-Dieu sera donc toujours présent à la société qu'il a fondée; il y sera présent par les lois qu'il lui a données, par le vicaire ou représentant visible qu'il a laissé sur la terre; il y sera présent par ses ministres, présent enfin comme victime du sacrifice, sacrifice réel et sanglant une fois accompli *par un peuple,* par des hommes *qui ne savoient ce qu'ils faisoient,* en répandant un sang qui est retombé sur eux et sur leurs enfans, nié aujourd'hui par des hommes qui ne savent ni ce qu'ils font ni ce qu'ils disent; mais désormais, sacrifice mystique et commémoratif, quoique non moins réel, sacrifice innocent de l'homme universel, offert pour l'universalité des hommes, sacrifice de l'homme et de la propriété, représentée

par la propriété la plus générale, seule nécessaire à la subsistance de l'homme, le pain et
le vin, sacrifice enfin dont l'esprit de l'homme
ne peut pénétrer la manière, mais dont sa raison peut concevoir les motifs naturels ou la
parfaite convenance à la société.

Toute l'économie de la religion chrétienne
porte donc sur le ministre universel, le médiateur, le sauveur, JÉSUS-CHRIST, en un mot,
comme sur un fondement inébranlable. Aussi,
l'on peut remarquer que l'Église termine toutes
ses prières et toutes ses demandes à Dieu ainsi :
Par notre Seigneur J.-C., votre Fils, etc. etc.;
mais cette préposition *par* suppose toujours
que *moyen* ou *ministère* sont sous-entendus;
et faire, ou demander quelque chose *par* quelqu'un, veut dire, *par le moyen, le ministère,*
l'entremise de quelqu'un. Le raisonnement et
l'analogie des idées et des expressions nous
ont conduits à le reconnoître comme le ministre universel du pouvoir universel de Dieu
sur l'universalité du genre humain; participant, par conséquent, de la nature de Dieu et
de la nature de l'homme, comme dans toute
société le ministre participe nécessairement
de la nature du pouvoir et de celle du sujet;
Homme-Dieu par conséquent : et tout ce que

l'enseignement religieux, dans son langage as-
cétique, nous enseigne de cet *Homme-Dieu*,
découle de ce caractère de ministère universel,
par une suite d'inductions et de raisonnemens,
dont il faut combattre le principe ou admettre
les conséquences. Ce n'est pas, je le répète,
expliquer le mystère, mais c'est en montrer
la nécessité, je veux dire la conformité à la
nature de la société; car l'Être souverainement
libre ne fait rien de nécessaire ou de *forcé*;
mais l'Être, qui est la souveraine raison, fait
librement tout ce qui est conformé à la nature,
dont il est l'auteur.

La religion chrétienne est donc une société
monarchique, où le *pouvoir*, le *ministre*, le
sujet, sont personnes distinctes l'une de l'autre,
où le ministère universel, devenu pouvoir et
fondateur de la société chrétienne, *juge* et
combat suivant les fonctions que nous avons
assignées au pouvoir dans toute société. Aussi,
dans le livre mystérieux de la religion chrétienne, chap. xix, le *Verbe* de Dieu, ou son
ministre, sort pour *juger et combattre; et cum
justitia judicat et pugnat.* Les ministres qu'il
a institués, comme tous les ministres des autres
sociétés, ont, sous les ordres et la direction du
pouvoir, la double fonction de *conseil* dans

les assemblées générales de l'Église ou ses conciles, et de *service* dans tous les temps, pour combattre et repousser l'erreur.

C'est cette identité parfaite de principes et de constitution, entre la monarchie religieuse et la monarchie politique, qui a fait la perfection et la véritable force, la force de conservation ou de restauration des États catholiques. D'autres États, tombés dans le *popularisme* ou le presbytéranisme, en politique et en religion, sont sans force propre et intrinsèque de stabilité, toujours agités au-dedans, toujours hostiles et agresseurs au-dehors; et en cherchant le bonheur et la force, ils n'ont rencontré que la richesse.

CHAPITRE XX.

DE LA RÉFORME.

L'évènement qui, au seizième siècle, divisa la société religieuse, porta le même désordre dans la société politique, et établit à la fois la religion presbytérienne et le gouvernement populaire; et tantôt le presbytéranisme politique, ou la démocratie, naquit au sein du presbytéranisme religieux, ou de la réforme, et tantôt le presbytéranisme religieux au sein du presbytéranisme politique.

Le lecteur n'a pas oublié que la différence essentielle et caractéristique que nous avons remarquée entre la monarchie royale et la démocratie, est que, dans la première, les trois personnes sont distinctes l'une de l'autre, et les deux premières homogènes et *semblables* par la perpétuité, ou l'hérédité ; et que, dans la seconde, les trois personnes sont confondues en une seule, le peuple, actuellement ou éventuellement *pouvoir, ministre* et *sujet*.

Nous retrouverons les mêmes accidens dans la société religieuse, et les mêmes différences entre la religion catholique et les doctrines calvinistes.

Dans la société catholique, les trois personnes sont parfaitement distinctes l'une de l'autre, et le ministère, qui ne peut plus se confondre avec l'état de simple fidèle, se perpétue par la consécration, qui est une sorte d'hérédité ou de filiation spirituelle.

Dans le presbytéranisme religieux, tel que l'a établi Calvin, chaque fidèle peut être le ministre du culte, et, effectivement, partout où manque ce ministre, qui n'est qu'un orateur ou un lecteur, le premier venu, plus ordinairement un *ancien*, le remplace. Non-seulement, chacun est ou peut être à lui-même le ministre de sa religion; mais chacun y est son pouvoir, son autorité, son législateur, puisque chacun peut, par son sens privé, interpréter à son gré le sens des divines Écritures. Le calvinisme à donc rejeté toute hiérarchie, et chaque fidèle est si bien à lui-même son pouvoir religieux, que le calvinisme a fini par rejeter tout autre pouvoir. Il a commencé par méconnoître l'autorité du vicaire de Jésus-Christ, son représentant visible, et qu'il a traité d'antechrist, et bientôt il a méconnu Jésus-Christ lui-même. « Il n'y a plus à Genève, écrivoit Voltaire, » que quelques *gredins* qui croient encore au » *consubstantiel*. » De nos jours, le conseil-supérieur a défendu aux ministres, depuis long-temps accusés, même par J. J. Rousseau, d'être sociniens, unitaires ou déistes (1), de

____

(1) Je ne peux que renvoyer le lecteur à ce que dit de l'état actuel de la religion protestante le baron de Starck, ministre luthérien, et premier prédicateur de la cour de Hesse-d'Armstadt, un des hommes les plus savans de l'Allemagne, dans un écrit qui fit beaucoup de bruit dans ce pays, sous le titre de *Banquet*

traiter dans les chaires de la divinité de Jésus-Christ; et leurs fidèles sont, comme on le sait, partagés sur cette croyance fondamentale.

Mais, comme la démocratie politique seroit d'autant plus impraticable qu'elle appelleroit plus de citoyens au pouvoir, et qu'il a fallu malgré le principe de ce gouvernement, restreindre de mille manières le nombre de ceux qui peuvent prendre part aux délibérations politiques, de même, dans la démocratie religieuse, le grand nombre des autorités interprétantes jeta au commencement un si grand désordre et produisit un si grand nombre d'opinions différentes, d'où sortirent des sectes, plus ou moins nombreuses qui s'anathématisoient mutuellement, qu'il devint indispensable de rétablir l'autorité qu'on avoit abolie comme une tyrannie. On essaya donc des *consistoires* et des *synodes*, et même on multiplia

de *Théodule*, et attira à l'auteur de violentes persécutions de la part de ses co-religionnaires. Cet écrit a été traduit et imprimé en 1818, sous le titre d'*Entretiens philosophiques sur la réunion des différentes communions chrétiennes*, et se trouve chez Adrien Le Clere, quai des Augustins, n° 35. Voyez aussi ce que dit M. l'abbé Grégoire sur le même sujet dans son *Histoire des sectes*.

les *confessions de foi* sans pouvoir s'accorder sur aucune, accord en effet tout-à-fait inconséquent au principe de la réforme et à la liberté du *sens privé*, et qui, à la place de l'autorité de l'Église, contre laquelle on s'étoit élevé, établissoit la tyrannie de quelques théologiens, qui bientôt eux-mêmes se divisèrent, et la Hollande retentit des disputes acharnées des *arminiens* et des *gomaristes*, qui eurent tant d'influence sur l'état politique de ce pays (1).

Enfin, le calvinisme, déserteur de l'indépendance de la religion chrétienne, et cherchant partout une autorité qu'il ne trouvoit pas en lui-même, se mit sous le joug du pouvoir civil, et, irréconciliable ennemi de la royauté, trouva le secret de l'affoiblir en se joignant à elle. C'est en mettant l'Église sous le joug du pouvoir civil que nos libéraux entendent la *séparation du spirituel et du temporel*, qu'ils ont si fort à cœur; mais alors il n'y auroit plus séparation entre l'un et l'autre, mais *confusion des deux*. La turbulence et les

(1) « On ne sait ce qu'ils croient, ni ce qu'ils ne » croient pas; on ne sait pas même ce qu'ils font sem- » blant de croire. Leur seule manière d'établir leur » foi, c'est d'attaquer celle des autres, » dit Jean-Jacques Rousseau des ministres calvinistes.

orages des démocraties politiques ont pour cause les prétentions au pouvoir que chacun veut exercer, et qu'il ne voit pas sans jalousie entre les mains de ceux qui le possèdent, et les *variations* infinies des Églises protestantes n'ont pas un autre principe : chacun veut y interpréter le dogme à sa guise, et veut faire prévaloir sa doctrine (1).

(1) Les protestans ont amèrement reproché à l'Église catholique sa maxime *hors de l'Église point de salut*, et ils ignorent que Calvin, au livre IV de ses *Institutions*, chap. 1ᵉʳ, §. 28, dit : *Extra hujus gremium nulla est speranda peccatorum remissio, nulla salus.* « Hors de son sein, il n'y a à espérer ni rémission des » péchés, ni salut. » En général, les protestans sont très-peu instruits de leur religion, et point du tout de la nôtre, et ils craignent de s'instruire.

L'auteur protestant des *Lettres confidentielles* au bibliothécaire Biester, savant luthérien, dit à la page 45 : « A proprement parler, il n'existe plus d'église entre » les protestans, si l'on comprend par ce mot d'*église* » une société de chrétiens réunis par la même foi, par » les mêmes principes religieux et les mêmes moyens » de salut; ce n'est plus qu'une masse d'hommes dont » ceux des classes les plus civilisées et les plus ins- » truites ont cessé d'avoir pour la plupart aucune liai- » son avec Luther, Calvin, etc. La foule au contraire » de ces mêmes hommes ne suit plus que ses propres » opinions, quelque fausses et erronées qu'elles puis-

Le grand nombre de sectes différentes qui, comme autant de rejetons, sortirent de cette tige trop féconde, sont, je crois, réduites aujourd'hui, dans les pays réformés, à trente ou quarante, qui chacune interprète la sainte

» sent être : ceux-ci regardent l'Écriture sainte comme
» un simple véhicule, dans lequel, pour l'amour des
» ames pieuses, peu éclairées, et *bigottement* atta-
» chées à la *Bible,* on est obligé d'envelopper la mo-
» rale. En dernière analyse, la plupart rejettent toute
» l'Écriture sainte, toute révélation, tous les dogmes
» du christianisme pour sacrifier au déisme, ce demi-
» frère de l'athéisme. Si Luther et Calvin revenoient
» sur la terre, dit l'abbé Grégoire dans son *Histoire des*
» *sectes,* ils seroient très-surpris de n'être pas de la
» religion de ceux qui ont emprunté d'eux leurs dé-
» nominations. »

L'auteur cité plus haut, dit : « Les prosélytes les
» plus zélés que puisse avoir l'Église catholique se
» trouvent maintenant parmi les protestans, soit phi-
» losophes, soit théologiens, qui font tous leurs ef-
» forts pour détruire le christianisme. »

« Il importe beaucoup, » écrivoit Luther à Mélanch-
ton, son fidèle disciple, « que la postérité ne s'aper-
» çoive pas de nos dissensions ; car il seroit souverai-
» nement ridicule que nous qui nous élevons contre
» l'univers entier, nous soyons cependant, et dès l'ori-
» gine de la réformation, si désunis entre nous. »
Epit. ad Melanchton, fol. 143.

Écriture à sa manière, et entre lesquelles le méthodisme, sorte de calvinisme rigide, tient le premier rang : toutes ces sectes jouissent, en Angleterre et en Hollande, d'une liberté qui passe dans ces pays pour une perfection de l'état social, mais qui favorise singulièrement l'indifférence pour toutes les religions.

Le calvinisme, en détruisant l'unité du pouvoir politique et du pouvoir religieux, n'épargna pas le pouvoir domestique. Comme toutes les sectes ennemies de la religion catholique (chose bien remarquable!), il brisa le nœud conjugal en permettant à la femme de répudier son époux et à l'époux de renvoyer sa femme, et il rétablit ainsi, par la faculté du divorce, la polygamie qui n'étoit plus pratique chez les peuples barbares. Le divorce qui permet d'user des droits du mariage avec une femme du vivant de la première, est une polygamie au moins *éventuelle*, et c'est avec raison que Théodose de Bèze a intitulé un traité sur le divorce : *De Polygamia, seu Divortiis.* Il y a même cette différence à l'avantage de la polygamie, telle qu'elle est en usage dans l'Orient, qu'elle s'y pratique sans scandale et que le désordre ne se fait sentir que dans l'intérieur de la maison, au lieu que le divorce fait retentir les tribunaux et entretient le public de ses accusations et de ses débats.

Mais une fois que la réforme eut posé le principe de la polygamie éventuelle, elle ne put se retenir sur la pente où elle s'étoit placée, et sept de ses plus fameux docteurs permirent, par acte devant notaire, au landgrave de Hesse, sur les motifs les plus honteux, d'épouser une seconde femme en continuant de vivre avec la première ; toutefois, en hommes prudens, ils lui recommandèrent le secret sous le sceau de la confession qu'ils avoient abolie, *sub sigillo confessionis;* et cela, dans le temps que le saint Siège refusoit de consentir au divorce d'Henry VIII avec Catherine d'Aragon, et, quoi qu'en ait pu dire une politique mondaine, se résignoit avec raison à perdre l'Angleterre par son refus, plutôt que de perdre la religion par sa complaisance.

Les opinions les plus monstrueuses en morale devoient suivre les erreurs sur le dogme, et le calvinisme enseigna l'*inamissibilité* de la justice, même après les plus grands crimes, une fois qu'on a été justifié, parce que, disoit-il, le médiateur, par la surabondance de ses mérites, n'a rien laissé à l'homme à mériter; et il enseigna encore, comme une conséquence, l'inutilité des bonnes œuvres, qu'Amsdorf, disciple de Luther, a même regardées comme dangereuses, à cause de l'orgueil qu'elles inspirent. Ces doctrines qui conduisent au fatalisme, et la faculté du divorce qui rétablit la polygamie, ont fait dire à l'un des plus grands génies qui aient paru, à Leibnitz, quoique luthérien, qu'il y avoit de grands rapports entre les doctrines mahométanes et les doctrines protestantes. Aussi Luther, au fort de la guerre des Turcs contre la maison d'Autriche, se montra-t-il leur partisan, et il ne vouloit pas qu'on leur résistât.

Le calvinisme a porté atteinte à la croyance de l'immortalité de l'ame et d'une vie future, en proscrivant l'invocation des saints et les prières pour les morts; doctrine froide et cruelle, qui rompt tout lien, tout commerce de sentimens et de secours que les dogmes plus humains et plus consolans de l'Église catholique établissent entre ceux qui vivent encore sur la terre et ceux qui n'y sont plus (1).

____

(1) Cependant, selon Calvin dans ses *Institutions,*

Le calvinisme, dit M. Hume dans son histoire d'Angleterre, a toujours montré une haine furieuse contre la religion catholique. Cette haine s'est manifestée à toutes les époques par la destruction des objets du culte catholique et la persécution contre ses ministres. Cette haine dure encore, et s'est manifestée de nos jours par les mêmes excès.

La réforme a établi une sorte de christianisme domestique, puisqu'elle n'a ni sacerdoce, ni autel, ni sacrifice, et que le père de famille, une *Bible* à la main, peut être le ministre de ce culte. L'erreur politique de certains législateurs est d'avoir voulu en faire une religion publique, et de l'avoir, en cette qualité, associée à l'État politique. Cette association contre nature et qui vouloit réunir deux principes opposés, un culte domestique sans autel et sans sacrifice, et une société publique et politique, a été, indépendamment des passions humaines, la cause de tous les troubles qui se sont manifestés dans les États où elle s'est introduite, et qui ont fait dire à Grotius, quoique protestant : « *Ubicumque*

chap. v, dit le baron de Starck, « il est reçu depuis » plus de treize cents ans dans l'Église de prier pour » les morts; » mais dans la suite il n'a pas été plus embarrassé de cet aveu que de plusieurs autres.

» *calvinistæ invaluêre, imperia turbaverunt :*
» Partout où le calvinisme s'est introduit, il
» a troublé les États. » Ces troubles n'ont cessé,
ou plutôt, n'ont été suspendus que lorsque cette
religion, abjurant sa dignité et son indépendance, s'est mise sous le joug du pouvoir civil;
autre erreur contre nature, et qui a conféré
au pouvoir laïque la suprématie ecclésiastique;
sujet de risée pour les gens instruits, et d'indifférence religieuse pour tous les autres.

La réforme, ouvrage, en Allemagne, de la
cupidité des princes; en Angleterre, de l'a-
mour d'un roi pour une maîtresse; en France,
du goût des nouveautés, la réforme a été l'évènement des temps modernes le plus funeste
à la société, et la cause prochaine ou éloignée
de toutes les révolutions qui, depuis le quinzième siècle, ont agité l'Europe, et de toutes
les guerres qui l'ont ensanglantée; et, si la
société doit finir, je n'hésite pas à le regarder
comme le premier coup de cloche de cette
dernière catastrophe.

CHAPITRE XXI.

DU LUTHÉRANISME.

Si le calvinisme est la démocratie de la religion, le luthéranisme en est l'aristocratie.

En effet, la monarchie royale présente les trois personnes distinctes; la démocratie n'en a qu'une; l'aristocratie, j'entends l'aristocratie héréditaire, la seule qui, dans la langue politique, porte le nom d'aristocratie, en a deux, les ministres ou corps héréditaire, qui exerce le *pouvoir*, et les sujets.

Ainsi, dans la monarchie religieuse ou la société catholique, les trois personnes sont parfaitement distinctes. Dans le calvinisme, il n'y en a qu'une, le peuple; il y en a deux dans le luthéranisme, qui a conservé une hiérarchie, des évêques, des doyens, même des chanoines, et retenu dans quelques lieux plusieurs rites de la religion catholique, même, à sa manière, la *présence réelle*, et jusqu'à la confession auriculaire, derniers vestiges de l'ancienne croyance qui tendent tous les jours davantage à s'effacer.

Nous avons dit que l'aristocratie politique étoit une monarchie *acéphale* ou sans chef. Là où le luthéranisme n'a pas dégénéré, on pourroit aussi le considérer comme un *catholicisme acéphale;* et cette définition s'appliqueroit encore mieux à la religion grecque, qui a presque tout conservé des dogmes catholiques, hors le pouvoir du chef visible de l'Église.

Aussi le luthéranisme est presque partout uni à une monarchie mêlée d'aristocratie, de démocratie, de despotisme, comme en Angleterre, en Suède et en Danemarck, où le pouvoir est contenu par les mœurs, bien plus que par les lois.

Le dogme fondamental de la réforme, le *sens privé,* étoit moins un dogme luthérien qu'un dogme calviniste; et le superbe Luther aimoit trop la domination sur les esprits, pour la laisser ainsi usurper au vulgaire. En déclamant avec violence contre le pape, il se fit lui-même le pape de sa nouvelle église; et le sage, le modéré Mélancthon, le plus habile de ses premiers disciples, s'en plaignoit. Luther étoit plus emporté, Calvin plus haineux; et il semble que la haine de Calvin contre l'Église romaine, autant que l'aversion de Luther pour Calvin et ses doctrines, aient, de nos jours, ramené les luthériens à des sentimens plus modérés envers l'Église catholique et envers les souverains. On en voit la preuve en Angleterre, qui vient de rendre les droits civils et politiques aux catholiques d'Irlande. D'ailleurs, Luther avoit fait sa réforme avec des princes, Calvin la sienne avec des bourgeois, ce qui explique la tendance plus populaire du calvinisme.

Aujourd'hui, qu'ils ont tous abandonné les dogmes de leurs fondateurs, et qu'ils sont aussi peu luthériens ou calvinistes les uns que les autres, ils cherchent à se réunir, malgré l'infinie distance de leurs croyances sur le dogme le plus fondamental, l'Eucharistie, et la haine réciproque de leurs fondateurs. Quand deux religions en sont à ce point de tolérance et de complaisance mutuelle, on peut assurer qu'elles sont finies; et que, si elles sont encore des factions politiques, elles ne sont plus des sectes religieuses.

Au reste, ce que nous avons dit en parlant de l'aristocratie politique, qui tend fortement à la démocratie, si même elle n'est pas une démocratie plus concentrée, peut s'appliquer au luthéranisme, qui, tous les jours, tombe davantage dans le calvinisme.

On peut voir à présent, avec évidence, la tendance réciproque des différentes constitutions religieuses et des constitutions analogues des gouvernemens politiques.

Ainsi la monarchie royale et la religion catholique, la démocratie et le calvinisme, l'aristocratie et le luthéranisme, s'accordent par la conformité de leurs principes.

L'Angleterre, plus aristocratique que démocratique, est aussi plus luthérienne que calviniste, puisque le luthéranisme, modifié par ses différentes révolutions religieuses, y est la religion dominante, et proprement celle de l'État.

L'Angleterre a une religion nationale, qui a fait schisme avec la religion universelle, et qui succombe elle-même sous la multiplicité des sectes et surtout sous le méthodisme. Des insensés voudroient aussi nous donner une religion nationale, et nous séparer, s'ils le pouvoient, de l'unité de religion, qui réellement, et sans antithèse, n'est que la religion de l'unité.

Notre Église *gallicane* avoit bien aussi quelque chose de moins universel et de plus national, particulier à elle seule. Tout ce qui affecte la religion, réagit toujours sur le corps politique; mais les sentimens de la France pour le saint Siège, et son attachement à la religion catholique, corrigeoient ce que les opinions gallicanes pouvoient avoir de trop indépendant. C'est précisément ce dont nos libéraux se plaignent; et la religion qu'ils voudroient nous donner (s'ils veulent même d'une religion), seroit une religion presbytérienne, qui s'accorderoit merveilleusement avec leur démocratie, et ils modifieroient l'une et l'autre à leur manière. Mais le presbytéranisme naquit en Europe d'un zèle outré de religion; il ne pourroit renaître aujourd'hui que de l'athéisme et dans l'indifférence de toutes les religions; et cette mère inféconde ne peut rien produire, ou ne peut produire que des monstres.

La religion catholique se prête à toutes les formes de gouvernement; mais toutes les formes de gouvernement ne se prêtent pas aussi bien à la religion catholique; et, comme elle est la plus parfaite des religions, elle ne porte tous ses fruits que sous le plus parfait des gouvernemens. Elle fleurit, il est vrai, dans quelques petits cantons démocratiques de la Suisse;

mais il faut observer qu'elle y est presque la seule autorité; et ces peuples isolés, simples dans leurs mœurs, agricoles et pasteurs, n'ont pas besoin d'un autre pouvoir.

Quand j'ai dit que le protestantisme conduisoit à la démocratie, et la religion catholique à la monarchie, je n'ai pas prétendu que tous les protestans fussent démocrates, ou tous les catholiques royalistes : j'ai connu trop d'exemples du contraire; mais cette *anomalie* s'explique aisément. Il y a beaucoup de protestans qui sont meilleurs que leurs principes, et beaucoup trop de catholiques qui sont moins bons que les leurs.

Faut-il, pour continuer la comparaison, appliquer aux religions ce que J. J. Rousseau dit des gouvernemens politiques? « Le gou- » vernement, dit-il, passe de l'aristocratie à » la démocratie, de la démocratie à la royauté; » le progrès inverse est impossible (1). » Et l'Europe peut-elle espérer qu'un jour la Réforme et toutes les sectes qui en sont sorties reviendront à l'unité de religion? Cela doit

______

(1) La chute de la royauté dans la démocratie n'est qu'un accident, une maladie passagère : le retour de la démocratie à la royauté est un état naturel, et le rétablissement de la santé.

être, pour que la parole du pouvoir suprême de la société s'accomplisse : *Et fiet unum ovile et unus pastor*. Quoi qu'il en soit, « le protes-
» tantisme, dit M. l'abbé Grégoire, ne revien-
» dra jamais ce qu'il a été, et il ne peut rester
» ce qu'il est ; une pente irrésistible l'entraîne
» vers sa fin, où il subira une nouvelle méta-
» morphose. Sa constitution même est le prin-
» cipe corrosif de son existence. »

En terminant la longue carrière que j'ai parcourue, je prie le lecteur de faire attention à la marche que j'ai suivie dans les considéra-tions que j'ai soumises à son examen.

Dieu et l'homme, la famille et la religion, paroissent à la fois dans l'univers ; et partout où je vois des hommes, j'aperçois une religion ; partout où je vois une religion, je vois une croyance d'un être supérieur à l'homme.

Si Dieu n'existoit pas, jamais cette grande idée ne se seroit montrée à l'esprit de l'homme, jamais son expression ne se seroit trouvée dans son langage ; et ce langage, que l'homme n'a jamais pu inventer, est tout seul à mes yeux une preuve décisive de l'existence d'un être supérieur à l'homme. « Toute philosophie, » dit un homme d'un grand sens, M. Ancillon, dans son *Essai sur la science et la foi*, « toute

» philosophie qui ne part pas de Dieu est
» par là même une philosophie manquée et
» fausse. »

Je considère la famille, et j'y vois un *pouvoir*
qui commande, un *sujet* qui obéit, un *ministre*, moyen ou intermédiaire entre le pouvoir et le sujet, qui reçoit de l'un pour transmettre à l'autre, soumis au pouvoir, ayant
autorité sur le sujet, et, pour remplir cette
double fonction, participant de la nature du
pouvoir et de la nature du sujet.

Je considère la religion dans la famille, et
j'y vois aussi un pouvoir qui commande, un
sujet qui obéit, et un ministre ou prêtre,
moyen intermédiaire entre le pouvoir et le
sujet; qui reçoit de l'un pour transmettre à
l'autre, soumis au pouvoir, ayant autorité sur
le sujet, et, pour remplir cette double fonction, participant de la nature du pouvoir et
de celle du sujet.

La famille devient un peuple, et la religion,
de domestique qu'elle étoit, devient publique
ou nationale; et chez le peuple comme dans
cette religion publique, c'est-à-dire, dans la
société politique ou civile comme dans la société religieuse, je vois toujours des pouvoirs
qui commandent, des sujets qui obéissent,

et entre eux, sous divers noms, des ministres, moyens ou intermédiaires entre le pouvoir et le sujet, qui reçoivent de l'un pour transmettre à l'autre, soumis au pouvoir et ayant autorité sur le sujet, et j'en conclus que cette hiérarchie de personnes et de fonctions forme la constitution naturelle de toute société.

Je remarque même que plus le peuple est nombreux et la société policée, plus le culte religieux est pompeux et solennel. La majesté de la religion suit les progrès de la civilisation, et c'est avec raison que je répète ce que Montesquieu a dit : « Les peuples qui n'ont pas de » prêtres sont ordinairement barbares (1). »

Que la société civile soit monocratique ou polycratique, c'est-à-dire, monarchique ou populaire ; que la société religieuse soit mono-théiste ou polythéiste, religion d'un Dieu ou religion de plusieurs dieux ; que la famille

______

(1) Cela ne veut pas dire que les Barbares n'aient aucune religion, mais seulement que, dans leurs idées grossières comme eux, ils ont des jongleurs ou des devins, qui, trompés ou trompeurs, s'attribuent pour la guérison de leurs maladies et les succès de leurs chasses ou de leurs guerres, des qualités surnaturelles que la superstition de ces peuples regarde comme in-spirées par quelque puissance supérieure à l'homme.

soit monogame ou polygame, partout se trouvent des pouvoirs qui commandent, des sujets qui obéissent, des ministres, moyens ou intermédiaires entre le pouvoir et le sujet, soumis à l'un et ayant autorité sur l'autre. Seulement, dans les sociétés monarchiques et monothéistes, les personnes sociales sont distinctes comme les fonctions; dans quelques autres elles sont confondues. Mais laissons les sociétés politiques, et ne nous occupons plus que du monothéisme, ou de la monarchie religieuse.

Parce que le monothéisme, ou la société de l'unité de Dieu, contient vérité, elle a dû être la première et doit être la dernière. Elle est *l'alpha et l'oméga* de la religion; rien ne l'a précédée et rien ne la suit. La vérité a commencé l'éducation du genre humain, et elle doit la terminer.

Cette société peut être considérée dans trois états, et ne peut exister dans aucun autre; elle est, ou domestique et dans une famille, ou nationale chez un peuple, ou universelle dans le monde.

Nous l'avons vue, cette religion, dans les familles patriarchales où elle étoit intérieure et domestique, dans son pouvoir, dans son ministre, dans son sujet, dans son sacrifice, *action* essentielle de toute société.

Nous l'avons vue dans la nation juive, où elle étoit extérieure et nationale; nationale dans son pouvoir (car l'unité de Dieu n'étoit reconnue et n'avoit un culte public que chez cette nation); nationale dans ses ministres, pris dans le corps de la nation; nationale dans ses sujets ou fidèles, qui étoient la nation toute entière; et nationale dans son sacrifice, qui n'étoit offert que dans son temple et par son pontife. Mais où est la religion universelle? ici la religion chrétienne se présente se donnant à elle-même le titre d'universelle, ou de CATHO-LIQUE, et elle se dit en effet universelle dans son pouvoir, qui est l'Être suprême, souverain seigneur de toutes les créatures; universelle dans ses sujets, qui sont l'universalité du genre humain : *docete omnes gentes;* universelle dans son ministre, *par qui tout a été fait, à qui toute puissance a été donnée au ciel et sur la terre, et devant qui tout genou doit fléchir,* représenté par le vicaire visible qu'il a laissé sur la terre; universelle dans sa morale, qui est celle du genre humain; universelle, enfin, dans son sacrifice, qui doit toujours, nous dit cette religion, être offert du couchant à l'aurore, pour le salut et la rédemption du genre humain.

J'examine cette religion, et je me demande si son existence dans le monde répond à la dignité et à l'universalité qu'elle s'attribue.

Je la vois depuis dix-huit cents ans toujours combattue ; et c'est là le caractère le plus certain de la vérité, et celui qui lui a été le plus souvent et le plus solennellement annoncé : combattue dans ses dogmes par l'erreur ; dans ses préceptes, par les passions ; dans ses conseils, par la molesse ; toujours combattue et toujours triomphante ; persécutée par le glaive, persécutée par le sophisme, persécutée par le mépris, persécutée par l'indifférence : et toujours plus féconde, inspirant, suivant les temps et les lieux, le courage à ses martyrs, la science à ses docteurs, la pureté à ses vierges, l'austérité à ses cénobites, le zèle de sa propagation à ses missionnaires, et l'enthousiasme de la charité même au sexe le plus foible ; inspirant enfin tous les dévouemens et tous les sacrifices. Je la vois, de siècle en siècle, défendue et pratiquée par les hommes les plus recommandables par leurs vertus, ou les plus célèbres par leur génie ; et je ne parle pas des Augustin, des Thomas d'Aquin, des Bernard, des Bossuet, mais par les hommes qui tiennent le sceptre des sciences même profanes, par les Bacon, les Descartes, les Pascal, les Leibnitz, les New-ton, les Euler, les Ch. Bonnet, les de Maistre, sans qu'aucun homme d'une haute considéra-tion morale ou d'un génie universellement re-connu soit entré en lice pour l'attaquer. Faut-il excepter le plus bel esprit de notre époque, Voltaire? mais ses plus graves objections ne sont que des bouffonneries (1). Les esprits su-perficiels n'ont pas vu que, le sel du sarcasme consistant dans le contraste, plus l'objet est élevé et grave, plus la bouffonnerie et le sar-casme sont piquans et faciles; et c'est ce qui fait qu'on ne peut parodier, et qu'on n'a jamais parodié que des tragédies. Elle a été attaquée de nos jours; elle l'est peut-être encore par des littérateurs sans génie, qui prennent leur ignorance pour des objections, et croient se grandir en attaquant ce qu'il y a de plus grand.

---

(1) Traiter en badinage ou en plaisanterie un sujet sérieux et grave, est de la bouffonnerie, du burlesque; tels sont le *Virgile travesti*, de Scaron, et le poème de Voltaire, qu'on pourroit appeler *la Pucelle d'Orléans travestie*. Traiter sérieusement un sujet plaisant et fri-vole, c'est de la plaisanterie; comme le *Lutrin* de Boileau, et le *Vert-Vert* de Gresset.

Mais ce qui place la religion chrétienne hors de toute comparaison avec toute autre doctrine, ce sont les peuples formés à son école; et si, comme le dit Condorcet, « la religion » mahométane retient les Turcs dans une in- » curable stupidité, » à quoi attribuerons-nous les progrès, les lumières, la force toujours croissantes des sociétés chrétiennes, même leurs vertus; car on y remarque les vices parce qu'ils sont rares, et par la même raison qu'on remarque les vertus chez les païens; à quoi attribuerons-nous cette incontestable supériorité, si ce n'est à l'influence toute puissante de la religion chrétienne, qui anime le grand corps de la chrétienté, et de qui l'on peut dire :

Mens agitat molem et magno se corpore miscet?

et il seroit bien peu philosophe, celui qui croiroit qu'un peuple peut s'élever à une haute perfection sous l'influence d'une fausse doctrine et de croyances religieuses désavouées par la raison.

Et il faut bien le dire, c'est à sa propre vertu, à la force de son principe intérieur, et presque malgré les gouvernemens, que la religion doit sa force de vie et d'expansion, et que nous devons nous-mêmes ses bienfaits, ces bienfaits que, selon Montesquieu, « la na- » ture humaine ne sauroit assez reconnoître; » car quel secours lui ont prêté les gouverné- mens, ou plutôt quel appui n'ont-ils pas prêté à ses ennemis? Lorsque leur premier intérêt étoit de la défendre, et leur premier devoir de la propager, ils ont livré son enseignement et ses doctrines aux blasphèmes ou aux sophis- mes de l'impiété, quelquefois les objets de son culte et la personne de ses ministres, aux fu- reurs populaires; ils ont redouté son pouvoir, envahi ses propriétés, et se sont montrés jaloux de son influence; mais le châtiment n'a pas tardé à suivre la faute; et tous les gouverne- mens qui ont attenté à l'indépendance de la religion ont perdu leur propre indépendance, et sont tombés sous la souveraineté populaire : de ministres qu'ils étoient du pouvoir divin pour faire le bien, *minister in bonum,* comme dit saint Paul, ils sont devenus les ministres des caprices populaires, pour faire ou laisser faire des révolutions.

Aussi, si la religion peut encore régler les mœurs du particulier qui croit à son enseigne- ment, à ses promesses, à ses menaces, les gou- vernemens, en l'abandonnant, ont fait qu'elle perd chaque jour de son influence pour assurer la tranquillité des États, le pouvoir légitime des rois, l'obéissance des peuples (1).

L'homme privé peut ne voir dans la religion que sa doctrine, sa morale, ses préceptes; l'homme public, l'homme d'État, doit y voir son autorité sur les esprits, sa juste influence sur la législation même politique, et cette force indestructible, qui fait que l'État qui s'appuie sur elle ne peut jamais tomber.

Il me reste quelque chose à dire sur la manière dont j'ai considéré la religion.

La vérité de la religion chrétienne, considérée comme corps de doctrine et institution divine, est établie sur des preuves historiques et morales qui ont subjugé les meilleurs esprits, et ne laissent rien à désirer à ceux qui, de bonne foi, veulent s'instruire dans la science

---

(1) Avant la révolution, pour découvrir les auteurs ou complices de ces effroyables incendies qui désolent quelques-unes de nos provinces, on auroit publié, à la requête de l'autorité civile, *un monitoire*, c'est-à-dire, fulminé en chaire une excommunication contre ceux qui n'auroient pas révélé à la justice ce qu'ils pouvoient savoir. Ce moyen fut souvent employé avec succès; mais alors on n'avoit pas encore éteint dans l'esprit des peuples la foi à l'autorité de la religion.

de la religion, la première de toutes les sciences, et ne prennent pas pour des objections
leur ignorance ou leurs passions. Mais, en considérant la religion comme une société, j'ai
pensé que ce point de vue nouveau peut-être
pouvoit offrir, sinon des preuves nouvelles,
au moins des inductions rationnelle et philosophiques qui pussent servir à établir d'une
autre manière la vérité de ses dogmes; *non
nova, sed nové,* dit saint Augustin. Je n'ai pas,
je crois, à me justifier de cette manière rationnelle de considérer la religion; car, outre que
je la soumets sans aucune restriction au jugement souverain de l'Église, le plus docte
interprète du christianisme nous avertit que
notre foi doit être raisonnable, *rationabile
obsequium,* et elle ne peut être raisonnable
sans être raisonnée; mais ce siècle de raisonnement raisonne la religion moins que toute
autre chose, et la juge avec une légèreté qu'il
ne se permet pas sur le plus mince objet
des recherches physiques, sur la pétale d'une
fleur ou l'organisation d'un insecte..... Je n'ai
employé les preuves tirées de l'enseignement
religieux et des livres saints, que pour montrer que ce que j'ai voulu établir par le raisonnement se trouve confirmé par la doctrine

et l'enseignement de la religion. J'ai cru que la religion, comme société, étoit soumise aux lois qui régissent toutes les sociétés, admirable harmonie, et qui est comme le sceau des œuvres du Créateur. Je n'ai pas prétendu expliquer la nature et le *comment* des mystères, mais en montrer la nécessité, en donner la raison ; et ce dernier mot m'avertit que la raison peut la chercher ; que ce premier, et le plus important sujet des pensées humaines, n'est pas interdit à notre investigation ; et enfin, au moment où la religion est le plus audacieusement attaquée, ou le plus honteusement délaissée, lorsque, sous le vain prétexte *de l'ordre légal*, on attente à ses droits les plus légitimes, et que le nom même de son divin fondateur ne peut pas sauver de la haine de ses ennemis l'institution qui lui est le plus spécialement consacrée, j'ai cru qu'elle devoit appeler à sa défense la philosophie comme un corps de réserve. Elle saura placer cet allié au rang qu'il doit occuper, et lui prescrire des bornes qu'il ne pourra pas franchir.

Espérons cependant que, malgré les nuages qu'accumulent contre elle l'ignorance et les passions, cette grande lumière du monde moral, ce *soleil de justice*, ne sera pas obscurci,

et que, de toutes les recherches de ses défenseurs, comme de toutes les critiques de ses
adversaires, sortira cette vérité de fait : *Qu'il
y a oubli de Dieu et oppression de l'homme
partout où il n'y pas connoissance, adoration
et culte de l'Homme-Dieu ;* et tôt ou tard il
sera prouvé *que les dogmes de la religion
chrétienne sont conformes à la plus haute raison, ses préceptes à la plus pure morale, ses
conseils à la plus sage politique.*

MÉDITATIONS

POLITIQUES

TIRÉES DE L'ÉVANGILE.

MÉDITATIONS

POLITIQUES

TIRÉES DE L'ÉVANGILE.

Le livre qui contient une doctrine toute d'humilité, d'abnégation, d'égalité, des préceptes de renoncement à soi-même et au monde, même le conseil de renoncer, pour de plus grands intérêts, à sa famille et à ses biens, commence par une et même par deux généalogies.

Le Fils de Dieu, venu sur la terre pour converser avec les hommes et être avec eux jusqu'à la fin des temps, et venu pour fonder entre eux et avec eux une société, dont il fut à toujours le législateur et le roi, a voulu naître fils de rois, et prouver même, par sa naissance temporelle, qu'il avoit droit à régner sur le peuple de Dieu, sur les Juifs, seul peuple au monde qui eût conservé le dogme de l'unité de Dieu, dogme qu'il devoit transmettre aux chrétiens, devenus eux-mêmes à bien plus juste titre le peuple de Dieu.

En effet, de ces deux généalogies, l'une, à ce qu'il paroît, est la généalogie de l'homme, l'autre, celle du roi, parce que le Sauveur, pour être vraiment homme et vraiment roi, vouloit naître dans une famille juive et de la race légitime des rois.

Ainsi celle-ci commence à Abraham, père des Hébreux, continue par David, roi de la société hébraïque, et par Zorobabel, qui en fut le restaurateur; et après avoir rappelé la grande révolution politique de cette société, la captivité de Babylone, se termine à Marie, mère du Sauveur; l'autre, de l'homme, et où figurent aussi David et Zorobabel non comme rois, mais comme ancêtres, commence à Joseph, époux de Marie et père putatif de Jésus-Christ, et remonte à Adam, père commun de tous les hommes.

Mais, si Dieu, pour se faire homme, et revêtir le corps de la noble créature *faite à son image et à sa ressemblance,* veut naître de la femme comme les autres hommes, il doit aussi naître en Dieu, et rejette loin de ce grand acte tout ce qui pourroit en souiller la pureté; et si tout est humain dans sa naissance, tout est mystérieux et divin dans ce qui la précède.

Jésus-Christ consacre donc, par son exem-

ple, la loi première et fondamentale des familles et des États, la loi de la succession héréditaire ; et pour qui connoît l'influence de la
législation chrétienne sur les idées, les sentimens, les mœurs des nations qui l'ont reçue,
il n'est pas douteux que l'exemple donné par
le Fils de Dieu même, du respect pour les
droits héréditaires de la royauté, n'ait puis-
samment contribué à graver plus avant, dans
le cœur des peuples chrétiens, le sentiment
profond et ineffaçable qui les attache à la race
de leurs légitimes souverains ; et sans doute
ce roi au berceau a couvert de sa protection,
et rendu respectables à leurs peuples, des rois
même encore dans le sein de leurs mères.

Saint Matthieu et saint Luc nous donnent
la généalogie temporelle du Sauveur comme
homme et comme roi ; plus tard saint Jean
nous révélera sa génération éternelle comme
Fils de Dieu. « Au commencement, étoit le
» Verbe, et le Verbe étoit en Dieu, et le Verbe
» étoit Dieu, etc. »

- Les prophéties de l'ancien *Testament* qui
se rapportent à Jésus-Christ, sont une preuve
incontestable de sa divinité, de sa venue sur
la terre, et de sa mission ; les Juifs en reconnoissent comme nous l'authenticité, et les

appliquent au Messie, qu'ils attendent encore, après qu'il est venu, avec une si déplorable obstination.

Mais les prophéties du nouveau *Testament* qui précédèrent, accompagnèrent ou suivirent la naissance du Sauveur du monde, ne sont pas moins authentiques. Si tout étoit mystère alors, tout est leçon aujourd'hui; et leur vérité, prouvée pour nous par les évènemens qui les ont suivies, et les faits qui sont sous nos yeux, a un caractère particulier, et j'ose dire politique, qu'il est important de faire observer.

Ainsi les saints personnages qui, au rapport des historiens sacrés, entourèrent le berceau de Jésus-Christ, ou le reçurent à sa naissance, proclament à l'envi, et prédisent les merveilles de sa vie et les effets de sa venue. Ils annoncent « que, délivrés par lui de la servitude de » l'erreur, les hommes le serviront en mar- » chant devant lui dans la sainteté et la jus- » tice; il sera appelé Emmanuel, *Dieu avec* » *nous,* Dieu sauveur de son peuple.... le sein » qui le portera sera béni; il apporte en nais- » sant gloire à Dieu et paix aux hommes ver- » tueux.... C'est de la plus petite ville de Juda » que sortira celui qui doit régir le peuple de » Dieu.... celui qui est né pour être la ruine et

» la résurrection de plusieurs. Un saint vieil-
» lard n'aspire plus qu'à mourir, après avoir
» vu de ses yeux et tenu dans ses bras le Sau-
» veur, celui que Dieu devoit montrer au
» monde, comme la lumière qui devoit éclairer
» les nations ;... et ce Fils, en qui Dieu avoit
» mis toutes ses complaisances, devoit plus
» tard, comme il le dit lui-même, élevé sur
» une croix, attirer tout à lui.... »

Mais nous, après dix-huit siècles de la venue de Jésus-Christ sur la terre, et de la prédication de sa doctrine; nous, qui en voyons
les effets, même politiques, sur les nations qui
le reconnoissent et sur celles qui le rejettent;
nous, témoins de la prospérité, ou, comme
parle l'Évangile, de la résurrection des uns et
de la ruine ou de l'abrutissement des autres;
nous, qui voyons la force toujours croissante
des nations chrétiennes, et le progrès de leurs
connoissances, comparé à l'ignorance et à la foiblesse des peuples idolâtres ou mahométans,
l'ordre qui règne dans la législation, l'administration, la police des premières, et les désordres, les lois barbares, les coutumes tyran-
niques, les mœurs féroces ou dissolues qu'on
remarque chez les autres; nous enfin, qui
voyons la croix du Sauveur, devenue, si je

puis ainsi parler, le couronnement de toutes les couronnes, Jésus-Christ, proclamé le Roi des rois, le Seigneur des seigneurs dans le palais des rois, comme dans la cabane des bergers, et devant qui tout genou doit fléchir, pouvons-nous ne pas reconnoître, à ces traits, l'accomplissement de tout ce que nous avons vu prédit; et eût-il été possible de prédire à un foible enfant, né dans une étable, d'un père artisan et d'une mère ignorée, qui vécut pauvre et mourut sur une croix, de si glorieuses destinées?

Le Messie que les Juifs attendent, fût-il venu, comme ils l'espèrent, dans tout l'éclat de la puissance et de la gloire, auroit-il pu obtenir, de la part des peuples les plus éclairés, et même les seuls éclairés qu'il y ait au monde, plus de respect, d'obéissance et d'adoration? et ce conquérant spirituel n'a-t-il pas réalisé tout ce que les Juifs attendent du conquérant matériel que, dans leurs idées charnelles, ils s'obstinent à demander? La religion chrétienne n'a pas détruit l'homme, elle lui a laissé ses passions qui sont à la fois le vice de sa naisance et l'exercice de son libre arbitre et de sa raison. Mais que de passions domptées par l'ascendant de la religion! que de sacrifices faits à la vérité de sa doctrine! que de vertus dont elle est le principe, ignorées des hommes et connues de Dieu seul! Mais la religion chrétienne, et c'est là son triomphe, a changé la société; *elle a renouvelé la face de la terre;* elle a amené à la connoissance de la vérité les peuples qui ont marché à sa lumière; elle les a tirés des erreurs où ils étoient plongés, et où sont encore plongées les nations qui n'ont pas voulu la reconnoître. Tous les bons sentimens du cœur, toutes les grandes inspirations de l'esprit, toute la perfection morale des législations, tout ce qui est bon et élevé, devenu usuel en quelque sorte et général, d'individuel qu'il pouvoit être chez quelques philosophes, est dû à son influence. Elle a dompté les passions des gouvernemens et *ôté* les *péchés du monde,* la fureur des dévastations et des conquêtes, les sacrifices du sang humain, l'adoration des idoles, l'esclavage, les jeux sanglans de l'arène, la prostitution consacrée, la polygamie, l'exposition des enfans, etc., crimes qui sont tous à la porte de la société, et ne tarderoient pas à y reparoître, si la religion chrétienne en étoit bannie : « Nous devons au christianisme, » dit Montesquieu, « et dans le gouvernement, un

» certain droit politique, et dans la guerre,
» un certain droit des gens que la nature hu-
» maine ne sauroit assez reconnoître.» Nous lui
devons bien plus, nous lui devons tout ce que
nous sommes, nous, peuples chrétiens, entre
tous les peuples de la terre; et, quand des esprits chagrins ou des ennemis de la religion
lui reprochent avec amertume les vices de
beaucoup de chrétiens qu'ils mettent en opposition avec les vertus de quelques païens, ils
oublient qu'on ne remarque les vertus que chez
les peuples vicieux, et les vices que chez les
peuples vertueux; et, pour en citer un exemple, quel est aujourd'hui le général européen,
même peu continent, qui se trouveroit honoré
qu'on citât de lui avec éloge un trait semblable
à la continence de Scipion? L'ordre général
subsiste malgré les désordres particuliers, partout où il y a des lois qui les proscrivent et
des moyens qui les répriment. Que ceux qui
parlent sans cesse de notre perfectibilité et des
progrès de nos lumières, nient que les lois et
les moyens de perfection se trouvent dans nos
sociétés, ou qu'ils reconnoissent l'incontestable supériorité politique, morale, littéraire
des nations chrétiennes sur toutes les autres,
et s'il est vrai, comme l'a dit Condorcet *dans*

son Essai sur les progrès de l'esprit humain,
« Que la religion mahométane condamne les
» Turcs à une incurable stupidité, » on peut
ajouter, à une effroyable férocité ; concluons
de cet aveu du philosophe, l'influence de la
religion sur les lois, les mœurs et l'esprit d'un
peuple, et reconnoissons que la religion est parfaite là où se trouvent les lois les plus sages,
les mœurs les plus douces, la morale la plus
pure, la sociabilité la plus aimable, la charité
la plus généreuse, la culture des arts la plus
avancée, tous les fruits de l'esprit et du génie,
tout ce qui fait, en un mot, les charmes de
la vie privée, l'honneur de la vie publique,
la force des familles et celle des États : et je ne
crains pas d'avancer que, s'il s'étoit trouvé une
seule erreur dans le système religieux d'un
peuple, il y auroit eu quelque désordre dans
son système moral ; il auroit foibli dans quelque point de ses pensées et de ses sentimens,
comme la santé des hommes, en apparence les
plus robustes, souffriroit de quelque vice caché dans leur organisation.

Aussi est-ce la chrétienté, victorieuse partout où elle porte ses armes, bienfaisante et
salutaire, partout où elle porte ses doctrines,
qui, certaine de posséder la science de la so-

ciété, remplit, au milieu des peuples barbares ou sauvages, la noble fonction de les appeler à la connoissance de la vérité et à tous les bienfaits de la vie sociale.

Jésus-Christ veut naître dans une étable, il naît pauvre, et n'a autour de son berceau que les instrumens de la vie agricole : c'est ainsi que commence l'homme, en naissant le plus pauvre des êtres, fût-il fils de roi ; c'est ainsi, et par l'agriculture, que commence véritablement la société.

La première proclamation et, pour ainsi dire, le manifeste que le conquérant pacifique adresse aux peuples qu'il vient soumettre à son empire, est tout entier dans ces deux mots : *Gloire à Dieu, et paix aux hommes qui ont la volonté de faire le bien;* là est tout le mystère de la société religieuse et de la société politique : *Gloire à Dieu,* en faisant reconnoître ses lois et adorer ses perfections, et en ne permettant pas que sa religion soit insultée, son culte profané, ses ministres poursuivis et calomniés; *paix aux bons,* en les délivrant de l'oppression des méchans. Car, on n'entend rien au système de la société, si on ne la considère pas comme la guerre des bons contre les méchans, et non-seulement contre les méchans ou les malfaiteurs qui attentent à la vie, à l'honneur, à la propriété de l'homme privé, par l'homicide, la calomnie, l'injustice, mais contre les méchans, mille fois plus dangereux, qui attentent, par leurs écrits, à la sainteté de la religion; par leurs complots et leurs intrigues, à la tranquillité des États et à la légitimité du pouvoir suprême.

C'est donc le premier devoir d'un gouvernement chrétien de donner la paix aux bons en déclarant la guerre aux méchans, car le gouvernement qui fait grâce aux méchans et les laisse en paix, ôte aux bons toute sécurité, et, par conséquent, il n'a de faveurs que pour les méchans, puisque les bons n'ont pas besoin de grâce et n'en demandent pas : il s'introduit dans les gouvernemens de fausses idées de clémence (et surtout dans notre siècle tout matériel), à l'égard des crimes de la pensée, qui ne tardent pas à produire des actions matériellement criminelles. Cette philantropie qui s'apitoie sur les crimes des méchans bien plus que sur les malheurs des bons, ose s'appuyer même de la religion qui nous enseigne cependant que Dieu ne pardonne qu'au repentir, dont lui seul, qui *sonde les cœurs et les reins*, peut juger la sincérité; il se réserve à lui - même la justice pour la faire exercer par ses lieutenans sur la terre, et la religion elle-même n'ordonne à l'homme de pardonner qu'en prescrivant à la société de punir (1). Les gouvernemens ne refusent pas la justice, mais trop souvent ils refusent le jugement, et cependant il n'y a pas de justice sans jugement. Lorsque le prophète-roi demande à Dieu de ne pas le livrer à ses ennemis, il donne pour motif à ses miséricordes qu'il a rendu la justice et le jugement, *feci justitiam et judicium;* et ce qu'on appelle déni de justice n'est jamais et ne peut être qu'un déni de jugement.

Toutes les leçons de l'Évangile sont en action; les bergers sont appelés les premiers à la crèche, ou plutôt au trône du Sauveur, pour

---

(1) On s'élève contre le droit qu'a la société d'infliger la peine de mort, seule garantie qui lui reste. Il y auroit plutôt à demander si elle a le droit, en infligeant à un coupable la peine des *travaux forcés à perpétuité,* de condamner un homme à une vie entière de souffrances et de désespoir?... Je respecte cette disposition de la loi, mais j'ai peine à y soumettre ma raison. La nature condamne l'homme et tous les hommes à mourir, mais elle n'en condamne aucun à souffrir toute la vie sans espoir de soulagement; c'est par cette raison que les lois ont supprimé la mutilation permise autrefois par la loi du talion.

recevoir les salutaires influences qui en émanent. Les rois viendront plus tard. La religion chrétienne, doctrine de vérités inconnues au monde païen, doctrine de simplicité, de modestie, de tempérance, d'abnégation de soi-même, de charité, de sacrifice, devoit germer avec plus de facilité chez des hommes que l'obscurité de leur condition, la modération de leurs désirs, les habitudes d'une vie pauvre et pénible, disposoient davantage à ces vertus du cœur, et que le cœur seul peut comprendre ; et ces hommes simples, qui *ne disputoient pas contre leurs pensées* et contre leur conviction, devoient aussi être plutôt frappés que des esprits orgueilleux des prodiges qui appuyoient la prédication de cette nouvelle doctrine : mais une fois qu'elle eut été répandue dans les familles, elle jeta un éclat qui fut aussi l'étoile qui y conduisit les conditions plus élevées. Et la religion, après avoir commencé, comme tout commence dans la société, par la famille agricole, finit par pénétrer dans l'État et s'asseoir sur le trône des Césars. Une doctrine d'orgueil et de licence commence au contraire chez les grands, et descend jusque dans les dernières classes du peuple. La doctrine d'Épicure, reçue d'abord dans les premiers rangs de la société romaine, gagna rapidement les derniers. La philosophie de nos jours a commencé aussi chez les grands, même sur les trônes, et elle s'étend et pénètre jusque dans les chaumières : la doctrine d'Épicure perdit Rome, et la philosophie moderne auroit déjà perdu l'Europe, si la religion chrétienne n'eût retardé ses progrès ; mais, si la religion doit renaître, et la vérité a seule cette prérogative, elle renaîtra chez les rois, les bergers viendront plus tard...

Les parens de Jésus, encore enfant, le perdent un moment à la fête de Pâque, qui, de toute la Judée, appeloit à Jérusalem la foule du peuple ; ils le retrouvent, après trois jours, dans le temple, écoutant les docteurs et les interrogeant.... Et c'est aussi dans l'Évangile et des ministres de la religion que les enfans chrétiens doivent recevoir leur première éducation. Ce sont les docteurs de la loi chrétienne qu'ils doivent écouter et interroger sur leurs devoirs. La mère du Sauveur ose lui faire un reproche d'avoir quitté ses parens et alarmé leur tendresse ; et ce divin Enfant, reprenant son autorité, lui répond avec une sévérité apparente : « Et pourquoi me cherchez-vous ? » Ne savez-vous pas qu'il faut que je sois oc-

cupé au service de mon Père? » Grande leçon,
même politique, qui nous apprend à mettre
au premier rang de nos devoirs ceux que nous
imposent les fonctions publiques dont nous
sommes revêtus, à préférer l'État même à nos
familles, et à ne songer à nos intérêts personnels que lorsque les intérêts publics sont en
sûreté. Et ne répète-t-il pas la même leçon,
lorsqu'il réprouve ceux qui, invités au festin
du père de famille, s'excusent sur des affaires
ou occupations domestiques, sur le soin de
leurs biens et même sur ceux d'un mariage?
Ne nous recommande-t-il pas de ne pas regarder en arrière, après avoir mis la main à
la charrue, et ne dit-il pas à celui qui lui
demandoit d'aller rendre à son père les derniers devoirs : « Laissez aux morts le soin d'en-
» sevelir les morts? » D'ailleurs, en servant la
société publique, soit dans le ministère de la
religion, soit dans la profession de la justice ou
des armes, on défend la société domestique,
puisque les familles sont renfermées dans l'État,
et attendent de lui, et les lois qui règlent leurs
rapports, et la protection de la force publique
qui les maintient et assure la vie, l'honneur,
la propriété de leurs membres.

Jésus-Christ commence sa mission par la

retraite, comme son précurseur l'avoit com-
mencée dans le désert.... Si les pensées ingénieuses, les systèmes hardis, les hommes *à
grands esprits faux,* comme les appelle Bossuet, et trop souvent à grands attentats, naissent de l'agitation et du tumulte du monde et
du choc de tous les intérêts et de toutes les
passions ; les fortes pensées, les grandes vertus, les grands et nobles caractères se mû-
rissent dans la retraite, et la politique elle-
même en fourniroit des exemples. Mais, pour
l'homme qui n'est pas né pour vivre seul, la
solitude a ses illusions et ses dangers, et le
Sauveur du monde, qui, je ne saurois cesser
de le répeter, met toutes ses leçons en actions ;
a voulu nous en donner l'exemple sur lui-
même, dans toutes les situations où l'homme
social puisse se trouver, en permettant au
tentateur de l'approcher et de lui présenter
les trois sources les plus fécondes des plus
grands désordres, pour l'homme domestique,
l'homme religieux, l'homme public, la cupidité, les illusions de la piété, l'ambition. « Si
» vous êtes le Fils de Dieu, dites que ces pierres
» se changent en pain.... » Et ne voudroient-
ils pas aussi que les pierres se changeassent
en pain, les gouvernemens modernes qui ne

voient dans leurs sujets que des *producteurs* et des *consommateurs*, et qui attachent tant d'importance au commerce, à l'industrie, aux arts qui nourrissent l'homme, qui les présentent aux peuples comme la source de toute prospérité, et allument dans tous les cœurs cette soif inextinguible de gain, qui produit tant d'injustices et tant de crimes? Sans doute il faut exciter le goût du travail et en honorer les succès; mais ce soin, digne d'une administration éclairée et bienfaisante, doit être contenu dans de justes bornes. Il ne suffit pas de donner à des peuples chrétiens du pain et des spectacles, *panem et circenses*, comme faisoient les païens; il faut ne pas oublier cette sublime réponse du Sauveur : « L'homme ne » vit pas seulement de pain, mais de toute » parole qui sort de la bouche de Dieu. » Car les paroles qui sortent de la bouche de l'homme, comme celles de nos sophistes, sont du poison et non pas du pain. La religion seule donne ce pain qui ne fait pas, si l'on veut, des peuples matériels, mais qui fait de grands peuples, des peuples forts, intelligens et dociles : et c'est surtout de ce pain dont le peuple a besoin et a faim plus qu'on ne pense. Que les gouvernemens n'oublient pas qu'ils ont rempli tous leurs devoirs envers les peuples, lorsqu'ils ont fait *assez* pour leurs besoins, *peu* pour leurs plaisirs, et *tout* pour leurs vertus.

Après la tentation de la cupidité, la plus générale et la plus dangereuse vient des illusions de l'orgueil, celle même d'une piété exaltée qui se lance dans les routes les plus périlleuses, et qui attend, dans des entreprises extraordinaires et mal concertées, des secours miraculeux : « Vous ne tenterez pas le Sei- » gneur, » dit le Sauveur, en vous écartant des voies connues, même quand ce seroit pour la gloire de Dieu, et que vous seriez vous-même sur le faîte du temple.

La dernière tentation est l'ambition, la plus séduisante de toutes, parce qu'elle a sa source dans le principe le plus élevé de la nature de l'homme, dominateur universel de la terre, et dans le penchant le plus irrésistible de son esprit : aussi le tentateur redouble d'efforts, et promet à celui qu'il cherche à connoître, le monde tout entier, si, en se prosternant, il veut l'adorer.... Et ne se sont-elles pas prosternées devant tous les fantômes d'orgueil et de gloire, tant d'ambitions qui ont ravagé le monde et foulé aux pieds les devoirs les plus sacrés et les droits les plus légitimes ? « Retire-toi, dit le

» Seigneur au malin esprit, car il est *écrit :* Tu
» adoreras le Seigneur ton Dieu, et ne servi-
» ras que lui seul. » Et celui qui pouvoit n'employer que son autorité pour confondre le tentateur, renvoie à l'autorité de la loi *écrite,* et
donne ainsi le premier l'exemple de s'y soumettre.

Jésus-Christ honore de sa présence les noces
de Cana. Le mariage, chez les Juifs, n'étoit
plus respecté ; le divorce étoit prononcé pour
les causes les plus légères, et le lien conjugal
étoit devenu plus aisé à rompre qu'à former.
La loi de Jésus-Christ, en le déclarant indis-
soluble, et défendant de *séparer ce que Dieu
a joint,* le ramène à la dignité de son origine.
Ce changement, plus miraculeux que celui de
l'eau en vin, pour qui connoît et apprécie la
force du penchant le plus impétueux de nos
cœurs et de nos sens, s'est tellement identifié
avec nos idées et nos mœurs, que, là même
où la dissolution du mariage est permise, il
est honteux (1) d'en user. C'est cependant au

(1) Sur cette loi du divorce, seul point sur lequel
la révolution ait reculé, et dont nos libéraux regret-
tent si fort l'abolition, il est honteux que des chrétiens reçoivent des leçons des païens. Tacite rapporte
que Pollion et Agrippa se disputant à qui donneroit

grand changement qui s'est opéré à cet égard dans l'esprit des peuples chrétiens, que les femmes doivent leur existence domestique, la sécurité de leur état, leur dignité conjugale, leur bonheur maternel, et les deux sexes, l'avantage inappréciable de pouvoir vivre ensemble dans le monde, sans danger et sans scandale, bienfait immense, et le plus grand pas vers la civilisation que la religion ait fait faire à la société.

Le suprême législateur a commencé par où tout commence, par fonder la société domestique; il va fonder la société publique; il appelle des disciples, et le pouvoir institue des ministres.

Le divin Enfant avoit appelé des bergers à le reconnoître; le roi des siècles appelle des pêcheurs à le servir, pour nous montrer que la force du ministère ne tient pas à l'homme, mais à l'institution; et cette vérité est aussi politique que religieuse.

Ce pouvoir a des ministres, bientôt il aura

une vestale à l'Empire, la fille de Pollion fut préférée, parce que sa mère n'avoit eu qu'un époux, et celle d'Agrippa rejetée, parce qu'elle avoit déshonoré sa famille par un divorce, *quia domum suam discidio imminuerat.*

des sujets, et la société sera parfaitement constituée; et n'est-ce pas dans la distinction de ces trois personnes, et dans leurs rapports mutuels, que se trouve la constitution universelle du monde moral et du monde politique? Ainsi, dans l'ordre le plus élevé de l'intelligence, Dieu, les anges, qui sont les ministres de ses volontés, et les hommes; ainsi, dans la société religieuse, Jésus-Christ, les prêtres, les fidèles; ainsi, dans la société politique, le chef de l'État, les officiers, le peuple; ainsi, dans la famille, le père, la mère, les enfans; partout le pouvoir qui commande, le ministre qui sert, le sujet qui obéit : tout pour le sujet; rien par lui. Les hommes ne gouvernent pas l'univers, le fidèle ne gouverne pas l'Église, les enfans ne gouvernent pas la famille, le peuple ne doit pas gouverner l'État, et cependant, je le répète, tout, dans l'univers, se fait pour l'homme; dans l'Église, pour les fidèles; dans la famille, pour les enfans; dans l'Etat, pour les sujets. Là est la constitution naturelle et légitime des sociétés, légitimité de la société, bien différente de la légitimité d'une race régnante, qui n'est que sa durée et sa perpétuité.

La société, ainsi constituée, est la maison dont parle l'Évangile, bâtie sur la pierre ferme,

que les vents et les orages ne peuvent renver-
ser ; tandis que celles qui sont constituées sur
de vains systèmes de licence et d'orgueil, sont
la maison bâtie sur le sable, et qui ne résistera
ni aux vents ni aux eaux.

Jésus-Christ n'a pas donné des lois positives
à la société politique : il a mieux fait; il lui a
donné des modèles; et c'est sur ces modèles
que se sont formées les sociétés chrétiennes et
la chrétienté toute entière.

Le Sauveur, qui s'étoit fait homme pour converser avec les hommes, appelle donc d'autres
hommes pour les instruire; car il traite avec
les hommes *humainement,* si je peux ainsi
parler; et en leur faisant communiquer ses volontés par des organes semblables à eux ; il les
laisse dans le libre arbitre où il les a créés, ce
libre arbitre sans lequel nous ne serions plus
ce que nous sommes, et nous n'aurions pas la
faculté de mériter ou de démériter, qui constitue la liberté de l'homme et sa dignité.

Jésus-Christ prend ses premiers disciples
parmi des hommes simples et ignorans; et les
savans d'alors n'étoient-ils pas plus ignorans
encore dans la science de la société, et leur esprit préoccupé par l'orgueil, et leur cœur livré
à l'amour des richesses, auroient-ils goûté la

modestie, la simplicité, le désintéressement de la morale évangélique ?

Ces pauvres pêcheurs n'ont que des filets, et ils n'hésitent pas à les quitter pour suivre Jésus-Christ. Plus tard, les hommes quitteront des palais et même des trônes pour s'attacher à lui ; mais leur heure n'étoit pas encore venue.

Et n'est-ce pas avec des hommes simples, avec des pâtres et des paysans, que la Suède, par son Gustave Wasa, que l'Angleterre, sous son Alfred, ont recouvré leur indépendance, que la Suisse a défendu ses montagnes, et la Vendée sa religion et son roi ? Ce ne sera que par des hommes simples que le luxe n'a pas amollis, que les plaisirs et les arts n'ont pas corrompus, que de fausses doctrines n'ont pas pervertis, qu'une nation, tombée dans la décrépitude, sera rajeunie. Les sociétés qui ont fini dans les boudoirs ne peuvent renaître que sous les tentes.

Obéissance à ceux qui ont droit et mission de commander, voilà le fondement de tout ordre et le premier moyen de tout succès; et les démocraties, où tous veulent être égaux, ne sont nées que de l'orgueilleuse foiblesse de ceux qui ne trouvent parmi eux tous aucun homme supérieur capable de les conduire, et en attendant qu'il paroisse, réunissent leurs médiocrités, et s'attroupent pour gouverner.

Après avoir appelé ses ministres, Jésus-Christ leur apprend ce qu'ils sont et ce qu'ils doivent être. « Vous êtes, leur dit-il, le sel » de la terre. » Parce qu'ils doivent être au milieu du monde, comme cette substance incorruptible elle-même, et qui préserve les autres substances de la corruption. Leur vie doit être exemplaire, et comme une leçon continuelle et vivante de vertu et de perfection. « Vous êtes la lumière du monde; » parce qu'en effet, dans la doctrine dont ils sont les organes et les héraults, se trouvent toutes les vérités qui éclairent le monde et doivent diriger les hommes dans le chemin de la vertu.

Les applications politiques se présentent en foule et entrent dans le plan de ces réflexions. Les hommes élevés en dignité politique ne sont placés au-dessus des autres, que pour leur donner de plus haut l'exemple de toutes les vertus privées et publiques, et les éclairer de leurs lumières. « La lumière, nous dit l'Évan- » gile, ne doit pas rester sous le boisseau. » Ils sont aussi le sel du monde politique, au même sens que les ministres de la religion; *mais si le sel s'affadit,* comme le dit le Sau-

veur, « il n'est bon qu'à être jeté dehors et
» foulé aux pieds; » et n'y auroit-il pas eu dans
la négligence, le luxe ou la molesse des premières classes de la société, surtout dans leur
penchant pour de nouvelles doctrines, et la
protection qu'elles accordoient à leurs cory-
phées, quelque motif à l'accomplissement de
l'anathème lancé par le Sauveur contre le sel
qui s'affadit? et ces premières classes n'ont-
elles pas été jetées dehors et foulées aux pieds?

Après avoir appris à ses disciples ce qu'ils
doivent être, leur maître leur enseigne ce qu'ils
doivent faire, et leur annonce ce à quoi ils
doivent s'attendre. Ils doivent apprendre aux
hommes que le royaume de Dieu approche,
c'est-à-dire la manifestation de la vérité, et la
fondation de la société chrétienne. Ils doivent
guérir toutes les infirmités sans en être eux-
mêmes atteints; et les guérisons corporelles,
que Jésus-Christ et ses disciples opéroient,
n'étoient que le signe et l'annonce de la guérison des infirmités spirituelles, et de la plus
déplorable de toutes, de l'erreur; car, sous le
règne de l'idolâtrie, le genre humain étoit
sourd, aveugle et muet, et ne pouvoit ni entendre, ni voir, ni répandre la vérité. La récompense que leur maître leur annonce, pour

tant de bienfaits et de travaux, est la persécution la plus déclarée. « Ils vous haïront, leur
» dit-il, à cause de moi; ils vous banniront,
» vous jetteront hors de leurs assemblées et
» dans les prisons, et croiront, en vous met-
» tant à mort, faire une œuvre agréable à
» Dieu.... » Nous avons vu toutes ces prédictions littéralement accomplies, et nous avons
vu aussi un grand nombre de ministres de la
religion, fidèles à cette leçon de courage, qu'aucun autre législateur n'avoit donnée. « Ne crai-
» gnez pas ceux qui ne peuvent tuer que le
» corps. » Leçon de courage même politique,
qui s'adresse aux ministres de la société politique, comme à ceux de la société religieuse.
« Mais, ajoute le Sauveur, les cheveux de
» votre tête sont comptés, et il n'en tombera
» aucun sans la permission de Dieu. » Jésus-
Christ établit ainsi le *fatum christianum*, dont
parle Leibnitz, qu'il oppose à la fatalité des
païens et au fatalisme des mahométans, et qui
consiste à agir avec sagesse, prudence et courage, et à se reposer du succès sur la Provi-
dence.

Toutes ces leçons et toutes ces prédictions
s'appliquent aux ministres de la société politique, comme à ceux de la société religieuse,

élevés au-dessus du peuple par leurs fonctions, pour lui donner l'exemple des vertus politiques, de la fidélité au pouvoir de l'État, et du dévouement à sa défense. La noblesse, ce sacerdoce de la royauté, après avoir, pendant la longue durée de la monarchie, sacrifié à sa défense son sang et ses biens, a, malgré les vices de quelques-uns de ses membres, mérité, par sa valeur et sa fidélité, l'estime et la considération de l'Europe ; elle a été enveloppée dans la même proscription que les ministres de la religion, et rien n'a mieux prouvé, que cette communauté de persécutions, la similitude de leurs fonctions et de leur ministère.

Jésus-Christ annonce à ses disciples qu'il est venu apporter la guerre dans le monde, et séparer ceux même que la nature avoit le plus étroitement unis. Jamais prédiction ne fut plus littéralement accomplie : et comment ne l'auroit-elle pas été ? Toute vérité introduite dans le monde est en opposition nécessaire avec les erreurs contraires, même dans les arts et les sciences, et à combien plus forte raison la vérité morale, qui a non-seulement les erreurs de l'esprit à combattre, mais encore les passions du cœur ? Les ignorans qui en ont pris occasion d'accuser la religion chrétienne d'intolérance, pourroient aussi bien en accuser la critique littéraire et même les lois civiles et criminelles. Tout ce qui est vrai en tout, combat contre tout ce qui est faux. Cette guerre de la vérité contre l'erreur a été le principe de tous les troubles qui agitent l'Europe depuis trois siècles ; et dans ce moment, où la religion lutte dans le sein de la société contre l'impiété, la Chrétienté, portant la guerre au dehors, est aux prises avec l'islamisme.

Cependant le divin maître réprime les mouvemens d'orgueil et le désir de domination qu'avoient fait naître dans quelques-uns de ses disciples la fonction d'enseigner et le pouvoir de guérir qu'il leur avoit donnés, et leur révèle le grand secret de leur ministère et de tout ministère. Il leur apprend « que le pouvoir » n'est qu'un service, que le Fils de l'homme » lui-même n'est pas venu pour commander, » mais pour servir, et que le plus grand entre » eux ne doit être que le serviteur des autres. » Certes, on ne s'étonnera pas que nous cherchions dans l'Évangile des maximes et des leçons applicables à la politique, si l'on remarque que dans toutes les langues chrétiennes, les mots *servir* et *service* désignent les plus hautes fonctions politiques, judiciaires et militaires ; cette locution vraie et touchante, inconnue aux langues anciennes, a passé de l'Évangile dans les nôtres, et le pouvoir le plus élevé de la société, le chef visible de l'Église, ne prend que le titre de *serviteur des serviteurs de Dieu*.

Les partisans rigides de l'égalité absolue ont cru la trouver dans les maximes de l'Évangile. Sans doute elle existe entre les êtres semblables. Tous les pères de famille entre eux, et tous les enfans entre eux aussi, considérés en cette qualité, sont égaux, de même que dans la société religieuse les prêtres entre eux, et les fidèles aussi entre eux ; et, dans la société politique, les hommes ayant autorité et les sujets sont chacun égaux entre eux, considérés comme hommes et comme sujets. Mais, considérés sous le rapport des fonctions, les enfans ne sont pas les égaux des pères, les femmes des maris, les prêtres des fidèles, les officiers des subordonnés, parce qu'il n'y a pas d'ordre possible dans la société domestique ou publique, pas même dans un atelier d'arts mécaniques, sans la distinction et la hiérarchie des fonctions ; mais pour ceux qui ne regardent pas comme un bonheur personnel des devoirs à remplir envers les autres ; qui, estimant les *charges* et les *offices* ce qu'ils sont, c'est-à-dire, des fardeaux et des devoirs, *onus, officium,* dédaignent cet éclat extérieur qui impose au vulgaire, et pèsent tout au poids du sanctuaire ; pour ceux-là, dis-je, le Sauveur du monde va bien plus loin que les partisans les plus outrés de l'égalité, puisque, loin de prêcher l'égalité entre les grands et les petits, il donne à ces derniers la supériorité, lorsqu'après avoir appris au monde que tout pouvoir n'est qu'un service, il demande « quel est le plus grand de » celui qui sert ou de celui qui est servi ? » Et effectivement, tout, dans la famille, ne se rapporte-t-il pas à l'intérêt des enfans, et, dans la religion et l'État, au salut des fidèles et au bien-être des sujets ?

Tous les pas du Sauveur du monde sont autant de leçons. Il entre dans le temple, et, animé d'une sainte colère, en chasse les marchands qui y vendoient, et leur reproche de faire de la maison de prières un lieu d'avarice, et trop souvent de mensonge et de fraude. Ce n'étoit pas l'enceinte du temple matériel où l'usage permettoit, comme il le permet encore aujourd'hui autour de nos églises, la vente d'objets nécessaires, que Jésus-Christ regardoit comme profanée ; c'est la société chrétienne, véritable lieu saint, dont la monarchie est le parvis et la religion le sanctuaire, dont il vouloit écarter la dangereuse influence de l'esprit mercantile, regardé de nos jours par les gouvernemens, comme la pierre angulaire de l'édifice; c'est contre cette cupidité effrénée, source de tant de crimes, d'injustices et de mauvaise foi; contre cette soif inextinguible des richesses qui absorbe toutes les facultés de l'esprit, tous les sentimens du cœur, tout le temps donné à l'homme dans d'autres vues, et qui élève dans la société la puissance de l'argent, rivale de la puissance des lois et des mœurs, et y développe un esprit démocratique incompatible avec tous les gouvernemens; c'est contre ces désordres et ces dangers que Jésus-Christ veut nous prémunir, et il n'y a qu'à jeter les yeux sur l'Europe et sur le commerce lui-même, livré à l'agiotage et déshonoré par tant de faillites, et sur le trafic des malheureux Grecs, vendus par les Turcs comme esclaves, et transportés par des chrétiens, pour n'être pas étonné des paroles sévères de Jésus-Christ.

Enfin il parle lui-même au peuple. « Heu-» reux, lui dit-il, les pauvres d'esprit, » c'est-à-dire ceux dont l'esprit est assez élevé pour croire tout ce qu'ils ne peuvent pas comprendre, et se soumettre à l'autorité légitime de leurs pasteurs et de leurs maîtres; car la force de l'esprit consiste à en connoître les bornes. Fénelon, rétractant publiquement ses erreurs, étoit un de ces pauvres d'esprit; et l'homme opulent prêt à se détacher de sa patrie, de sa famille et de ses biens, pour remplir ce qu'il croit devoir à son Dieu et à son roi, est encore un de ces pauvres d'esprit : tandis que le pauvre qui cache sous des haillons un cœur gonflé d'avarice et de jalousie, peut être un de ces riches maudits par l'Évangile.

« Heureux ceux qui sont doux, » qui savent que le calme de l'ame est le moyen et le partage de la véritable force, et que, ce n'est qu'en se possédant soi-même, qu'on est capable de conduire les autres, et qu'on s'assure la possession tranquille de ses biens légitimes! Heureux ceux qui font à la vertu les sacrifices même les plus pénibles à la nature, parce qu'ils en recevront, dans le témoignage de leur conscience, les plus abondantes consolations ! « Heureux ceux qui ont faim et soif de la » justice; » heureuse la charité, la pureté du cœur, l'amour de la paix, vertu qu'on n'achète pas aux dépens de la justice, et qui nous donnent, sur les autres, l'empire de la raison et des bienfaits! trop heureux si nous souffrons persécution; si, en remplissant nos devoirs, nous sommes en butte à la haine des méchans! C'est ainsi qu'ont été traités trop souvent tous les hommes qui ont éclairé leurs semblables, et c'est partager leur gloire et leurs mérites, que de partager leurs souffrances.....

Jésus-Christ, après avoir donné à la société de si hautes leçons, se rapporte lui-même à l'esprit de la loi primitive, qu'*il n'est pas venu, dit-il, détruire, mais accomplir*, et dont sa doctrine n'est que le dernier développement; et lui-même assure que le ciel et la terre passeront, et que ses paroles ne passeront pas, parce que cette loi, expression des rapports les plus naturels, a précédé les temps, et doit leur survivre. Jésus-Christ montre ensuite ce que la loi de grâce ajoute à la loi judaïque, pour former un peuple spirituel, et développe lui-même l'esprit de cette loi, dont les Juifs n'avoient que la lettre. La loi des Juifs condamnoit l'homicide; la loi de grâce condamne même l'injure : l'une défendoit l'adultère, l'autre en interdit jusqu'au désir. Loin de permettre la vengeance, si chère aux nations barbares, Jésus-Christ veut qu'on aime même ses ennemis, et qu'on fasse du bien à ceux qui nous persécutent et nous haïssent, ce qui s'applique même à ceux qui ont l'autorité en main, pour punir les crimes; car ils font du bien aux méchans même en les punissant, puisque, suivant la remarque de Fénelon, par le châtiment ils les remettent dans l'ordre, la première loi des êtres intelligens. Jésus-Christ, après avoir enseigné aux hommes, dans cette sublime instruction, le chemin de la perfection, finit par leur dire : « Soyez parfaits comme votre Père cé- » leste est parfait, » c'est-à-dire, « peuples faits » à l'image de l'Être suprême, réfléchissez en la » perfection dans vos lois et dans vos mœurs. »

Ce sont cependant ces hautes leçons, que le monde n'avoit pas entendues, base de nos lois civiles et criminelles, qui ont fait les nations chrétiennes ce qu'elles sont; qui ont répandu cet esprit de charité, de bienfaisance, de sociabilité, de civilité même qui les distingue, et n'en fait, à beaucoup d'égards, qu'une seule famille, un peuple de frères même au milieu des rigueurs inévitables de la guerre; qui fait encore que l'étranger (chez les premiers Latins synonyme d'ennemi) est partout accueilli comme dans sa propre patrie, et que les peuples chrétiens ne sont nulle part étrangers les

uns aux autres. Trop heureux les gouvernemens, s'ils connoissoient la dignité du nom
chrétien, s'ils secondoient, autant qu'il est en
eux, cette tendance à la perfection morale, qui
est un des caractères du christianisme et un
précepte de sa doctrine! s'ils employoient enfin
à rendre les hommes meilleurs, tous les soins
qu'ils prennent pour les rendre plus riches!
Heureux surtout, et mille fois heureux, s'ils
pouvoient bannir de leurs États les scandales
des doctrines impies et licencieuses que nous
voyons, pour notre malheur, répandues jusque
dans les dernières classes avec tant d'audace et
d'effronterie; scandales publics contre lesquels
le Sauveur du monde, *qui pardonne à la femme
adultère, qui ne brise pas le roseau à demi
cassé, qui n'éteint pas la mèche qui fume encore,* s'arme de toute sa sévérité, en déclarant
qu'il vaudroit mieux être jeté dans la mer, une
meule au cou, que de donner du scandale! Ce
scandale des écrits est le plus grave et le plus
irréparable dont l'homme puisse se rendre coupable; et lorsqu'on pense, avec Malebranche
et Leibnitz, que toutes les vérités sont en Dieu,
et que leur manifestation par les hommes est
une sorte d'inspiration de l'Esprit saint, on
est tenté d'appliquer aux écrits dangereux les

paroles terribles de l'Évangile, que le péché contre le Saint-Esprit ne sera remis ni dans ce monde ni dans l'autre; car ce crime est toujours flagrant, et l'on peut dire que l'auteur coupable est toujours vivant, tant que son ouvrage existe dans le monde.

Jésus-Christ, qui a opposé les vertus modestes des chrétiens aux vertus fastueuses du paganisme, ne veut pas que le culte qu'il demande de nous, consiste en beaucoup de paroles, mais qu'il soit principalement en actions, parce qu'il a voulu faire des hommes utiles à leurs semblables, et propres aux divers emplois de la société, et lui-même en donne l'exemple. Tous ses pas sont marqués par des œuvres de bienfaisance, qui renferment toutes de hautes leçons; et partout *il passe en faisant du bien.* Parole touchante, qui nous apprend quelle est notre destination pendant le court passage de cette vie! Les méchans passent aussi, mais en faisant du mal; et malheureusement le mal qu'ils font, surtout par leurs écrits, ne passe pas avec eux.

Jésus-Christ ne parle à la raison des hommes encore enfans auxquels il s'adresse, qu'en revêtant ses leçons de paraboles familières, qui saisissent leur imagination, et qui sont toutes pri-

ses dans la plus utile et la plus morale de leurs professions, dans l'agriculture, ou les travaux et les soins du père de famille. Mais, comme il demande de nous des actions plutôt que des paroles, c'est à des actions qu'il veut qu'on le reconnoisse. « Allez, » dit-il aux disciples de Jean, qui étoient venus l'interroger pour savoir *si c'étoit lui qui devoit venir, ou s'ils devoient en attendre un autre;* « allez rappor-
» ter, non ce que vous avez entendu, mais ce
» que vous avez vu, des guérisons miraculeuses
» que je fais sur les infirmes, et qui ne sont
» que l'annonce et le signe des guérisons que
» ma doctrine opérera sur les peuples, et sur-
» tout rapportez que ma doctrine, bien diffé-
» rente de cette superbe philosophie qui ne
» s'adresse qu'aux beaux esprits et aux heu-
» reux du siècle, est annoncée aux foibles et
» aux petits! *Pauperes evangelizantur.* »

« Est-ce vous qui devez venir, ou devons-nous
» en attendre un autre? » est-on tenté de de-
mander à ces hommes extraordinaires, à ces apôtres de nouvelles doctrines qui s'élèvent au sein des révolutions, et que le vulgaire croit appelés à les terminer? Nous l'avons nous-même demandé à cet homme fameux qui a si long-temps disposé de nos destinées, et à cet

écrivain célèbre qui a infatué tant d'esprits et
suscité à la religion tant d'ennemis; et le chrétien éclairé même des lumières de la foi, qui
a vu que l'un s'étoit fait un nom par des guerres
sanglantes sans motifs, et des entreprises gi-
gantesques sans utilité; l'autre, par une haine
désespérée de la religion, a jugé que ce n'é-
toient pas eux qui devoient affermir la société
et en guérir les infirmités, et qu'il falloit attendre d'autres hommes et d'autres doctrines.

Et, en effet, ce n'est ni à l'éclat des conquêtes, ni aux vastes entreprises, ni aux bril-
lantes productions du bel esprit qu'il faut reconnoître les bienfaiteurs et les restaurateurs
de la société. « Les païens, dit l'Évangile, re-
» cherchent toutes ces vaines prospérités; pour
» vous, cherchez premièrement le royaume de
» Dieu et sa justice, c'est-à-dire faites fleurir la
» religion, et rendez à vos peuples une justice
» sévère et impartiale, et tous les autres biens
» vous seront donnés comme par surcroît. »
Car le bonheur même temporel des sociétés
est une suite nécessaire de la fidélité des peuples aux lois naturelles de l'ordre social, qui
sont en même temps les lois divines émanées
de l'auteur de tout ordre.

Aussi, le Sauveur du monde menace ces

sociétés prétendues éclairées, auxquelles sa
doctrine a été annoncée, et qui n'en ont pas
retenu les fruits. « Si elle eût été annoncée,
» dit-il, aux peuples les plus sauvages et les
» plus abrutis, ils en auroient profité. » Et voilà
qu'un jugement sévère sera prononcé contre
les gouvernemens qui ont laissé éteindre la
foi. L'Europe seroit-elle sous le poids de cet
anathème qui a frappé, en Asie, en Afrique,
tant de cités et de peuples autrefois heureux
et libres sous l'empire du christianisme? et
les maux sans nombre qu'elle a éprouvés, et
les désordres secrets qui la travaillent, et cette
vaste conspiration contre toute autorité religieuse et politique qu'on aperçoit partout et que
nulle part on ne peut ou l'on ne veut saisir, et
ces associations publiques ou occultes qui sapent
à petit bruit les fondemens de la société, ou en
ruinent à force ouverte toutes les défenses, et
ces fausses doctrines qui la pénètrent dans tous
les sens et l'enveloppent comme d'un vaste
réseau, seroient-elles l'inévitable châtiment
réservé aux gouvernemens qui ont souffert
que l'erreur fût enseignée aussi ouvertement
que la vérité? Et à combien d'hommes, qui
se croient sages et éclairés, pourroient s'appliquer ces paroles que Jésus-Christ adresse

à son Père : « Vous avez caché ces vérités
» aux prudens du siècle, et vous les avez ré-
» vélées à ceux qui dans la droiture de leurs
» intentions et la simplicité de leurs cœurs,
» n'ont d'autre science que celle que vous leur
» avez enseignée. » Et promulgant ensuite lui-
même son autorité absolue sur la société :
« Tout, dit-il, m'a été donné par mon Père....
» nul ne connoît Dieu et sa loi que par son
» Fils et par ceux à qui son Fils les a révélés,
» et cependant, malgré la sévérité de ma doc-
» trine, mon joug est doux et léger, » et il n'y
a de vrai bonheur que pour les sociétés qui
s'y soumettent.

Aussi, en même temps que Jésus-Christ
développe l'esprit de sa loi, il en adoucit la
lettre; il dispense ses disciples de l'observation judaïque du Sabbat qui ne leur permettoit
pas d'arracher, en passant, quelques épis de
blé pour apaiser leur faim; il leur enseigne,
en guérissant les malades le jour du Sabbat,
que les œuvres de bienfaisance, les fonctions
publiques, quand elles sont nécessaires, sanc-
tifient mieux que le repos le jour du Seigneur;
« car, dit-il, je suis le maître du Sabbat, et
» celui qui vous parle est plus auguste et plus
» saint que le temple lui-même. »

On sait qu'à Londres, et généralement dans les pays protestans, on observe le repos du dimanche avec une rigidité judaïque (et ce n'est pas sur cela seul qu'on outre le conseil ou même le précepte, en se relâchant en même temps sur des points plus importans), tandis que dans les pays catholiques, beaucoup trop relâchés cependant sur cette pratique, les hommes mêmes les plus zélés pour leur religion l'observent néanmoins avec moins de rigueur. Il faut prendre garde d'en rien conclure en faveur des uns et contre les autres ; ceux-là obéissent en esclaves, ceux-ci en enfans ; et à Genève, où l'autorité civile a défendu de traiter en chaire de la divinité de Jésus-Christ, on ne pouvoit, du moins autrefois, entrer dans la ville ni en sortir pendant les offices du dimanche.

L'hypocrisie des Pharisiens fournit au Sauveur l'occasion de donner la plus haute et la plus importante leçon, même politique. Les tyrans de tous les âges ont dit : *Divide et impera,* divisez et régnez ; et Jésus-Christ, pour établir dans le monde le royaume de la vérité et de la vertu, et, par conséquent, la véritable paix qui n'est autre chose que l'ordre : cette paix, dit-il ailleurs, *qui surpasse tout sentiment,*

Jésus-Christ dit au contraire : « Tout royaume » divisé en lui-même sera désolé. » Il faut prendre garde à cette expression *divisé en lui-même* : la guerre civile elle-même, ce fléau terrible des sociétés, ne divise pas le pouvoir *en lui-même,* puisque chaque parti le veut et le veut tout entier ; la division du pouvoir *en lui-même* est la division légale de l'unité de pouvoir, loi première, ou plutôt dogme fondamental de la société ; tout royaume qui s'écartera donc de cette unité de pouvoir, sera désolé : désolé par les factions, désolé par les haines, désolé par les ambitions ; il sera désolé et détruit, car deux pouvoirs forment deux sociétés toujours en guerre l'une contre l'autre, et une prospérité momentanée et toute matérielle n'empêchera pas sa ruine totale.

Mais, après avoir menacé des derniers malheurs les sociétés où le pouvoir est divisé, c'est-à-dire les sociétés en révolution, Jésus-Christ *prescrit* aux gouvernemens des règles de prudence dans les remèdes qu'il faut apporter à cette division ; et il leur propose la belle parabole de l'ivraie jetée sur le bon grain par l'homme ennemi, pendant le sommeil du père de famille, et qui ne peut être arraché sans perte pour le bon grain lui-même. Et n'est-ce pas la vivante image de ces fausses doctrines répandues dans la société pendant le sommeil des gouvernemens, et que la violence ne pourroit peut-être extirper sans de dangereux déchiremens? Il faut attendre leur maturité, et ces doctrines dont on ne pourroit assigner le commencement, disparoissent insensiblement, sans qu'on puisse davantage en assigner la fin. Les ennemis de la religion, qui lui reprochent son intolérance, pourroient trouver dans cette parabole une belle et grande leçon de tolérance. Certes, si la violence du mal en annonce la maturité et la terminaison prochaine, on pourroit croire que ces fausses doctrines sont à la veille de disparoître, et que le moment n'est pas éloigné où les gouvernemens sentiront l'urgente et indispensable nécessité de mettre un frein à cette effroyable propagation de livres corrupteurs qui vont colporter dans toute l'Europe le poison dont ils sont remplis; alors, et alors seulement, la séparation de l'ivraie et du bon grain pourra se faire, et le pouvoir suprême de la société « commandera aux vents et à la » mer, et il se fera un grand calme. » Mais il faut de la foi au pouvoir divin, il en faut aux pouvoirs légitimes en eux-mêmes, et cette foi, suivant la promesse de l'Évangile, *transporte les montagnes*, et surmonte des obstacles qui paroissoient insurmontables.

La parabole du grain de sénevé nous enseigne une autre vérité de l'ordre politique, comme de l'ordre moral et religieux. C'est que tout ce qui est bon, utile, naturel, et qui est appelé à une longue durée, a des commencemens foibles et inaperçus, et pousse dans la société de profondes racines, avant de s'élever au dehors et de porter des feuilles et des fruits. Ainsi commence l'homme lui-même, ainsi commencent ces chênes séculaires qui braveront les vents et les orages, et ces grands fleuves qui porteront au loin la vie et l'abondance; ainsi a commencé la monarchie française et la religion chrétienne elle-même. Les fausses doctrines, au contraire, politiques ou religieuses, quelquefois littéraires (1), s'annoncent avec fracas; elles renversent tous les obstacles, brisent toutes les résistances, excitent, en paroissant, un enthousiasme que les hommes

______

(1) Qu'on compare l'admiration dont le *Cid* à son apparition fut l'objet, et le fanatisme avec lequel *Hernani* a été accueilli.

ignorans ou prévenus prennent pour de la conviction; mais bientôt elles disparoissent comme
un torrent grossi par l'orage, qui ne laisse
après lui que dévastations et ravages. Qu'on
compare les commencemens de la réforme et
ceux de la religion chrétienne, les commencemens de la révolution et ceux de notre monarchie; et que sont devenues aujourd'hui et
la révolution désavouée par ses plus chauds
partisans, quoiqu'ils voulussent peut-être la
recommencer, et la réforme abandonnée par
ses meilleurs esprits, réduite, pour conserver
un reste de vie, à se faire faction politique,
depuis qu'elle n'est plus une secte religieuse?
Les premiers apôtres ou disciples de la révolution et de la réforme, avoient pris pour
de la force ce qui n'étoit que de la violence, et par conséquent de la foiblesse; ils
avoient pris l'agitation de la fièvre qui tue
la vie, pour le mouvement qui l'entretient,
et le délire des passions pour la conviction
de la raison.

Quelle parabole plus admirable et plus féconde en grandes leçons même politiques, que
celle des talens, dont le maître demandera
compte aux serviteurs à qui il les aura confiés
pour les faire valoir? Et remarquez que ce mot

talent, employé dans l'Évangile comme signe monétaire, et qui chez les Juifs n'étoit que cela, qui même au propre n'a pas une autre signification, a passé dans notre langue et dans quelques autres pour l'expression de l'aptitude de l'esprit à faire quelque chose. Dieu veut donc que l'homme emploie les talens naturels, et acquis de la manière la plus utile, pour ses semblables ; mais il veut, par la même raison, que les gouvernemens leur ouvrent la carrière à laquelle ils sont le plus propres ; car, si les gouvernemens n'emploient pas au service du public les talens utiles, il s'en trouve un plus grand nombre de dangereux, même de plus actifs, qui s'emploieront eux-mêmes au détriment de la société ; des esprits superficiels s'en scandalisent, et sont portés à accuser la vertu d'indolence et de timidité. Ils ne voient pas que les méchans ne sont plus agissans, que parce qu'ils sont plus agités par les passions qui les dévorent, et qui ne leur permettent pas de rester en repos ni d'y laisser les autres.

Que d'applications politiques ne nous présente pas à nous, Français qui avons survécu à la révolution, la parabole des ouvriers tardifs, que le père de famille fait travailler à sa vigne, et qui, venus à la dernière heure, ont reçu le même salaire que ceux qui sont venus à la première? La noblesse française, venue à la première heure de la monarchie, avoit *supporté le poids du jour et de la chaleur*, et rempli, pendant une longue suite de siècles, sa destination naturelle, celle de défendre la société au prix de ses biens et de son sang, soit dans la profession des lois, soit dans celle des armes; d'autres sont venus à la dernière heure, et ont reçu le même salaire. C'est la suite inévitable des révolutions politiques. Quand elles se terminent, les plus tard venus peuvent être les plus utiles; il y auroit de l'injustice à se plaindre du père de famille, qui n'a vu que les services et n'a pas tenu compte de la date.

Jésus-Christ adresse à saint Pierre une question toute politique, lorsqu'à propos du tribut qu'on vient exiger de lui, il lui demande si les rois de la terre lèvent le tribut sur les étrangers ou sur leurs sujets. « Sur les étrangers, » lui dit l'apôtre, « les enfans sont donc libres? » reprend le Sauveur! » *Ergo liberi sunt filii;* car il regarde les sujets du pouvoir comme ses enfans. Ainsi le Sauveur du monde fait consister la liberté, la liberté politique, celle du sujet ou du citoyen, dans la jouissance indépendante des biens qui servent à sa subsistance et à l'entretien de sa famille. Nous plaçons ailleurs la liberté ; et en soumettant le sujet à des tributs presque toujours plus forts que ceux qu'on impose aux étrangers ou aux peuples conquis, nous appelons *libertés publiques* des contraintes en opposition avec la liberté individuelle, comme celle d'être forcément soldat, ou de prononcer sur la vie des citoyens sans études et malgré soi. Nous appelons *libertés publiques,* le droit donné à tous les citoyens indistinctement d'écrire sur la religion, la politique, la morale, les gouvernemens, le public et les particuliers, sans aucun frein, et trop souvent sans aucunes connoissances.

Il ne faut pas conclure de la réponse de Jésus-Christ, que les gouvernemens ne doivent pas établir des impôts sur leurs sujets, mais seulement qu'ils doivent user de ce droit avec une grande sobriété, si toutefois il est possible de modérer les impôts là où les services publics, autrefois dotés en propriétés, pèsent de tout leur poids sur le trésor public.

C'est encore une réponse toute politique que fait le Sauveur aux pharisiens, qui, pour le tenter, lui demandent s'il est permis ou non de payer le tribut à César; car les Juifs ne supportoient qu'avec peine la domination des Romains. Jésus-Christ se fait apporter une pièce de monnaie; il demande de qui sont l'inscription et l'image qu'on y remarque, et, sur la réponse des Juifs, qu'elles sont de César : « Rendez donc, leur dit-il, à César ce qui est » à César, et à Dieu ce qui est à Dieu. » Il semble que, dans ce passage, qu'on a souvent assez mal appliqué, on peut trouver la distinction du pouvoir de fait que Dieu permet quelquefois comme un châtiment, et du pouvoir de droit qu'il établit et qu'il consacre comme un bienfait, ou une nécessité de la société. Toute autorité qui marque de son empreinte la monnoie courante, en garantit la loyauté, en punit l'altération, et protège, par cela seul, les propriétés de ceux qui sont forcés de la donner ou de la recevoir pour les besoins de la vie. Il est, en cela, toujours pouvoir protecteur, ne fût-il pas *légitime*, et les sujets, en lui payant l'impôt, ne font que rendre à César ce qui est à César, et ce que César leur a donné. Mais là se bornent nos rapports avec une autorité usurpée; et il est des sentimens de respect, d'affection et d'obéissance, que nous devons réserver pour les pouvoirs légitimes, qui sont les ministres de Dieu pour faire le bien, *minister Dei in bonum :* et en leur rendant en vue de Dieu ce que nous leur devons, nous rendons *à Dieu ce qui est à Dieu.* Cette explication me paroît plus naturelle que celle qui voit, dans ce passage, une séparation totale entre la politique et la religion. La réponse du Sauveur, ainsi interprétée, est même plus conséquente à la question qui lui est faite, et se renferme mieux dans les intentions et les termes de la demande que lui adressent les pharisiens. Il faut d'ailleurs observer que les Juifs, pour n'avoir pas voulu reconnoître leur roi légitime, avoient perdu, et pour toujours, le pouvoir politique.

Le Sauveur du monde, en enseignant à ses disciples les moyens de salut pour l'homme, leur indique en même temps les moyens de salut pour la société. « Mon royaume, dit-il, » souffre violence, et ce sont les forts qui l'em-» portent. » Et le monde dit-il autre chose? Ne recommande-t-il pas comme premier moyen de succès la force de caractère? La fermeté dans les entreprises, le courage dans les dangers, ne sont-ils pas la première leçon qu'on donne aux hommes destinés aux emplois publics; et, dans ce sens, les royaumes de la terre ne souffrent-ils pas violence comme le royaume du ciel; et ne sont-ce pas les forts qui les gouvernent, et même qui doivent les gouverner, parce qu'il n'y a pas de véritable force sans justice et sans vertu?

Le Sauveur ne nous met-il pas sous les yeux, d'une manière bien énergique, le retour et les suites de l'esprit inquiet des révolutions, que l'on n'a pas eu le courage et la force de terminer, lorsqu'il nous représente *le fort armé,* chassé, par un plus fort que lui, des lieux où il s'étoit établi, mais qui, ne pouvant garder le repos, y revient avec sept autres esprits plus méchans que lui, c'est-à-dire avec un redoublement de fureur et de rage, et tourne contre la société tout ce qui auroit dû servir à sa prospérité : *Invenit eam scopis mundatam, et ornatam?* Ne pourrions-nous pas trouver en Europe une application sensible de cette parabole; et cet esprit inquiet des révolutions, banni un moment de la société, n'y est-il pas revenu plus méchant et plus pervers, et ne se sert-il pas, pour lui nuire, de tout ce qu'il y trouve d'ordre, de force, de connoissances et de richesses ; *mundatam et ornatam?*

La vie du Sauveur du monde avoit été, pour l'homme et pour la société, une leçon vivante et continuelle ; sa mort leur laissera un grand

exemple, et le dernier qu'ils puissent recevoir.
Sa vie avoit montré le pouvoir divin avec tous
ses bienfaits; sa mort leur révèlera tout ce
qu'il y a d'injustice et de fureur dans le pouvoir humain et populaire; et déjà le Sauveur,
aux approches de cette dernière catastrophe,
s'attendrit sur Jérusalem, et lui reproche de
n'avoir pas connu ceux qui étoient venus lui
apporter des paroles de salut, et de les avoir
persécutés et mis à mort; il lui prédit les malheurs prêts à fondre sur elle; et à combien
d'autres Jérusalem régicides et déicides, ces
terribles prédictions et ces touchans repro-
ches ne peuvent-ils pas être appliqués?

Cependant ce peuple, laissé à lui-même,
accueille le Sauveur, dans Jérusalem, par ses
acclamations et ses bénédictions, et lui prodi-
gue les témoignages les plus sincères de son
admiration et de sa reconnoissance; mais,
bientôt égaré par les suggestions de ses chefs
et de ses docteurs, il l'accable d'outrages et
demande sa mort. Le juste, *qui avoit passé en
faisant du bien,* vendu par un de ses disciples,
renié par l'autre, abandonné de tous, est traîné
de tribunal en tribunal jusqu'à celui du pro-
consul romain, qui, convaincu de son inno-
cence, mais tremblant devant le peuple, n'ose

l'absoudre, et le livre au supplice. Ainsi, inconstance du peuple, trahison des grands, foiblesse des juges, abandon des amis, fureur des ennemis, tout ce qu'on a vu, tout ce qu'on verra dans toutes les révolutions, se retrouve dans ce grand exemple des destinées de la société. Cependant, du milieu de ces cris d'imprécations et de fureur, qui demandent le supplice du juste, s'échappent quelques mots sublimes, comme des éclairs qui percent une nuit obscure. *Voilà l'Homme,* dit aux Juifs, en leur présentant Jésus, le gouverneur romain, ignorant également ce qu'il fait et ce qu'il veut dire. *Voilà l'Homme!* mes regards se fixent sur cet homme; ses mains sont chargées de liens, son sceptre est un roseau, sa couronne un tissu d'épines, un manteau de pourpre cache des plaies douloureuses. Oui, *voilà l'Homme,* me dis-je à moi-même, et tous les hommes, voilà l'humanité! Maître de l'univers, l'homme n'est pas maître de lui-même; roi de la nature, son sceptre a la fragilité du roseau, et sa couronne, la piqûre déchirante de l'épine. L'extérieur imposant de la dignité humaine ne cache que les foiblesses de l'humanité ou les infirmités de la nature! oui.... *voilà l'Homme!...*

Et nous aussi nous avons entendu les acclamations du peuple, et bientôt après des cris de fureur et de mort. Nous avons vu les trahisons des grands, l'infidélité des amis, la rage des ennemis, la foiblesse des juges ; nous avons vu un homme, qu'un satellite aveugle et féroce montroit à une populace en délire, en lui disant : *Voilà votre roi !*... Nous avons vu des mains augustes chargées d'indignes liens ; nous avons vu un sceptre brisé comme un roseau, une couronne qui n'a été qu'un tissu d'épines cruelles... Nous avons vu, sous la pourpre et l'éclat du trône, les chagrins les plus cuisans, les outrages les plus amers, les traitemens les plus barbares... Mais, ô mon Dieu ! cette nation en délire n'a pas dit, comme les Juifs, « *que son sang retombe sur nous et sur nos* » *enfans !...* »

Le sacrifice se consomme, le juste est attaché sur une croix, sur cette croix où, une fois élevé, *il attirera tout à lui.* Il meurt parce qu'il l'a voulu ; il n'auroit eu, dit-il lui-même, pour triompher de ses ennemis, qu'à prier son père d'envoyer des légions d'anges à sa défense. Mais, ce qu'il refuse pour lui-même, il le veut pour sa religion, pour la société qu'il a formée et dont il est le législateur et le roi ; et, lors-

qu'elle sera menacée par le plus terrible ennemi, par le mahométisme, il fera marcher à sa
défense des légions d'*envoyés* (1), et l'Europe
entière, à sa voix, se précipitera sur l'Asie,
parce que, s'il a chargé les ministres de sa
religion de la prêcher, il a chargé les ministres
de sa politique, les rois, du soin de la défendre.
Tout est consommé, s'écrie-t-il en mourant ; à
celui-là seul par qui tout avoit commencé, il appartenoit de dire *tout est fini*. Et effectivement
tout est fini pour la société, qui n'a plus à attendre d'autres leçons ni d'autres exemples, et
qui doit, jusqu'à la fin des temps, vivre sur les
leçons et les exemples du Sauveur du monde.
Tout est fini pour l'homme, à qui nul autre
nom que celui de JÉSUS n'a été donné pour être
sauvé. Le règne des ombres et des figures, le
règne de l'erreur a passé, le règne des réalités
et de la vérité commence, *tout est consommé*...
Cependant, une dernière leçon, et la plus frap-
pante de toutes, survit à la mort du Sauveur

(1) Ange signifie *envoyé*. « *Fuit homo missus à Deo
cui nomen erat Joannes*, » dit le pape en l'honneur
de Jean Sobieski, roi de Pologne, après la levée du
siège de Vienne ; comme un autre pape l'avoit déjà
dit de dom Juan d'Autriche, après la bataille de
Lépante.

dont elle est la preuve la plus éclatante et le perpétuel témoignage : c'est l'état des Juifs.

Ce n'étoit pas à tous ces dehors obscurs et souffrans que le Juif charnel pouvoit reconnoître son libérateur, objet de sa longue attente. Aigri par ses malheurs, il vouloit la puissance et non la sagesse, la domination de la force et non celle de la vérité; si quelques-uns croient en Jésus, la nation entière demande sa mort. Dans son aveugle fureur, elle se dévoue elle-même et dévoue ses enfans à la malédiction attachée au meurtre de l'Homme-Dieu. Et, dès cet instant (rapprochement terrible!), la nation entière est réprouvée. Sa ruine effroyable, prédite par Jésus-Christ dans tous ses détails, et arrivée soixante-dix ans après sa mort, la prise de sa capitale, où périrent onze cent mille ames, après un siège sans exemple, et la destruction de son temple, sont accompagnées de circonstances surnaturelles dont il faut lire les détails dans l'historien Josephe, et le rapprochement dans Bossuet. Depuis ses dernières catastrophes, le peuple Juif est dispersé dans tout l'univers, plus nombreux aujourd'hui qu'aux beaux jours de son existence politique; signe élevé au milieu de toutes les nations, mêlé à tous les peuples, il ne peut se confondre avec aucun d'eux, et, lorsque le temps amène insensiblement l'uniformité de mœurs et d'habitudes entre les divers peuples, il reste toujours seul, toujours étranger, partout empreint du caractère moral et physique dont sa religion et les évènemens l'ont marqué; il semble toujours le voyageur (1) qui arrive des pays éloignés; il traverse les siècles et les nations, sans pouvoir se fixer à aucun temps ni à aucun lieu, seul peuple à qui la considération, propriété morale de l'homme, et la terre, sa propriété matérielle, soient refusées; nation sans territoire, peuple sans chef, société sans pouvoir, religion sans autels, sans prêtres et sans sacrifices, seul esclave au milieu de peuples libres, seul pauvre au milieu de nations propriétaires : sa religion fait son malheur, et il l'observe; son erreur fait son crime, et il la chérit; il a fait mourir son libérateur, et il l'attend...

(1) C'est cet état des Juifs qui a donné lieu à la fable populaire du *Juif errant*, dans lequel le peuple a personnifié la nation toute entière.

FIN.

TABLE.

FIN DE LA TABLE.

f465

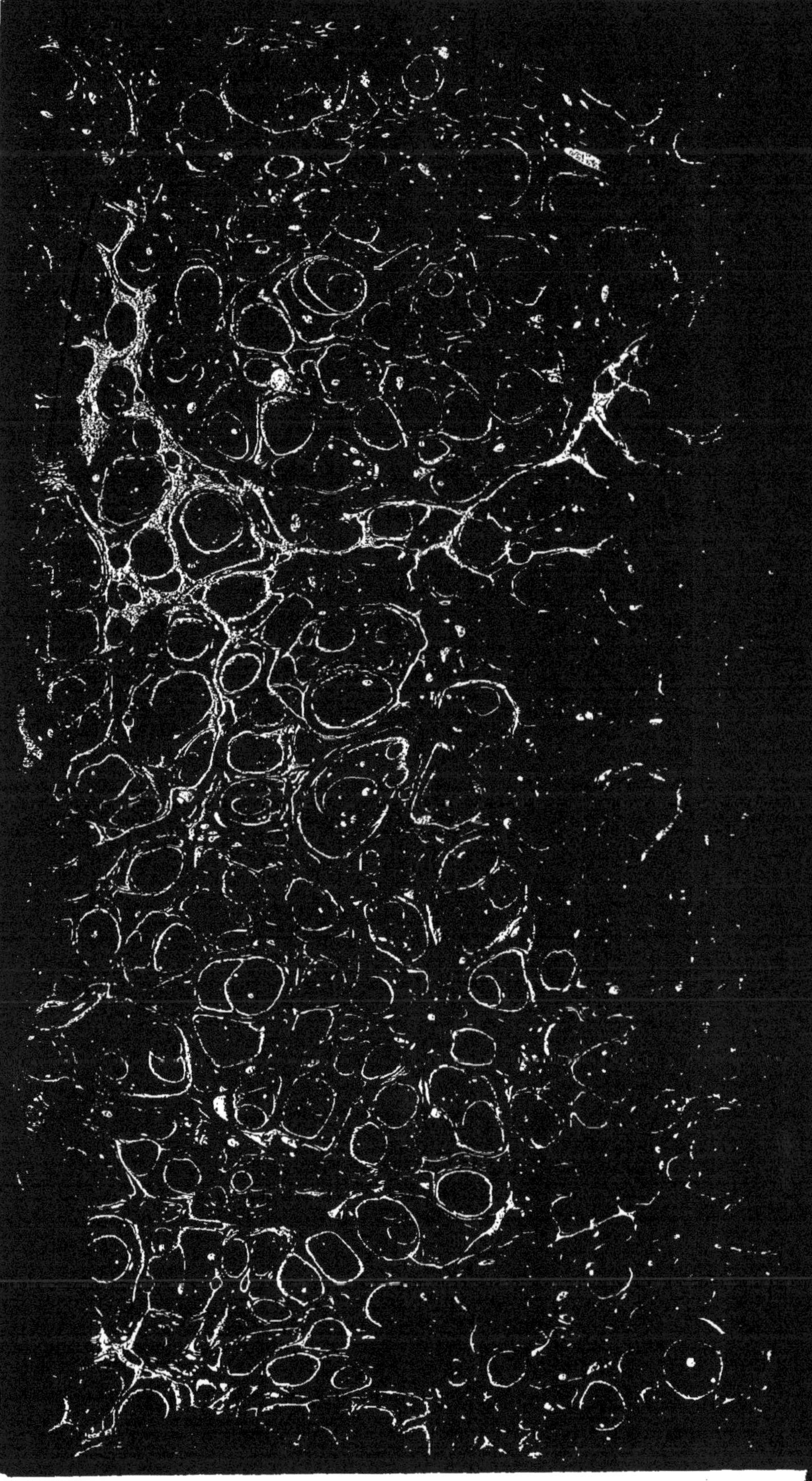

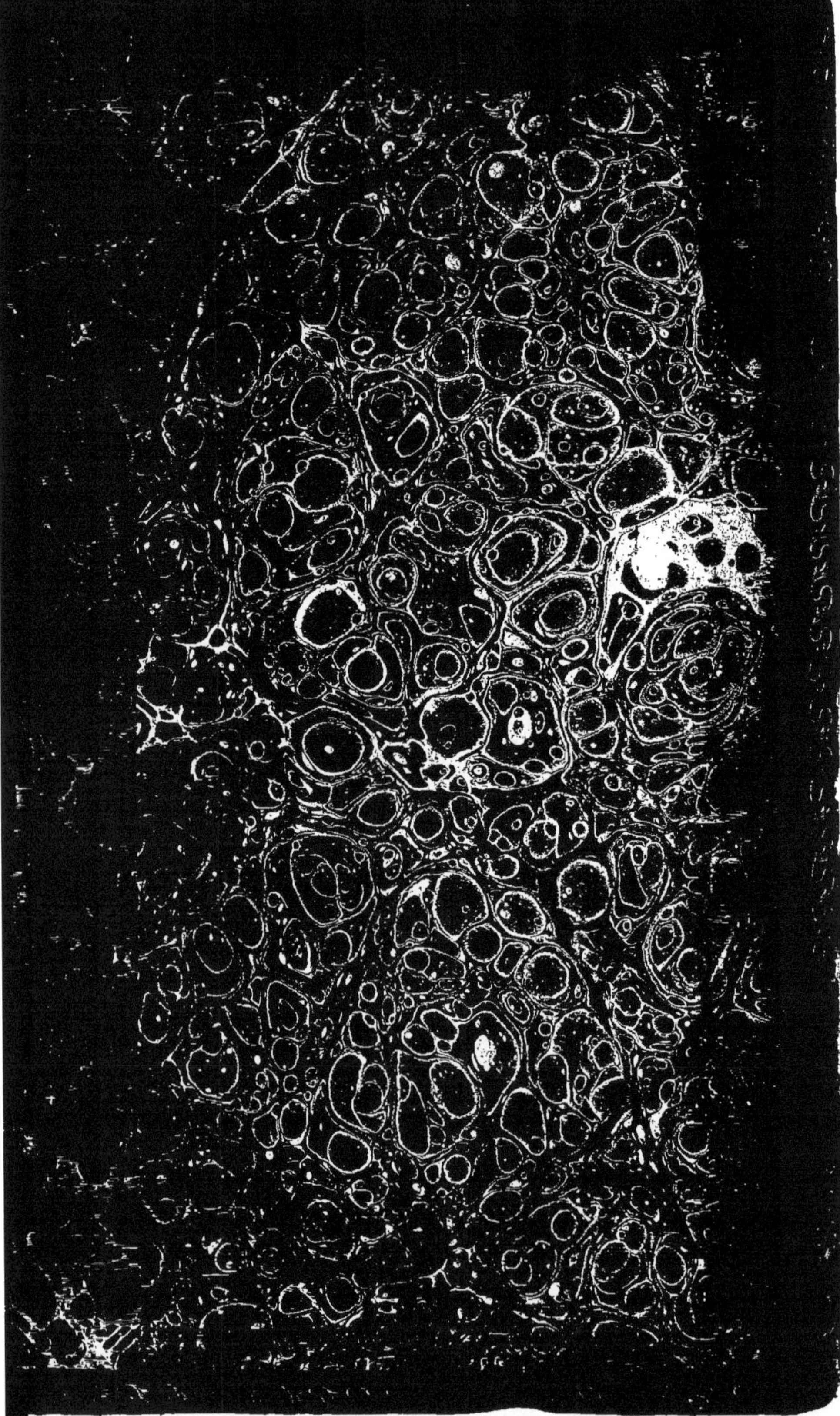